中公新書 2470

河内春人著

倭の五王

王位継承と五世紀の東アジア

中央公論新社刊

はじめに

日本古代史が他の時代の研究と比べて難しい点は何か――。

まず史料が少ないこと、これに異論はないだろう。特に六世紀以前になると日本に残されている文献史料は格段に少ない。そのため八世紀初頭に編纂《へんさん》された『古事記』『日本書紀』（以下、記・紀）のような史料に頼らざるを得ない。しかし、五世紀以前は記・紀の記録も伝承・説話的な内容が強くなり、史実としてそのまま認めるのは容易ではない。

こうした問題点を補うのが中国の史料である。中国という国は古くから歴史を記すことにこだわり続け、その範囲となる地域は中国の周辺にまで及んだ。日本列島もその例外ではなく、七世紀以前に「倭《わ》（倭国）」という名称で呼ばれていたことは周知の通りである。

もちろんすべての時代の中国の歴史書に倭のことが記録されていたわけではない。倭が中国に外交使節を派遣し、あるいは中国の政治的事情などによって中国王朝がその存在を意識したときに記録の対象となった。それでもいまとなっては貴重な史料である。そして、倭国がまだ自国の記録を文字として残さない時代における中国史料として耳目を集め続けているのが、一つは三世紀の『三国志《さんごくし》』魏書《ぎしょ》・烏丸鮮卑東夷伝倭人条《うがんせんびとういでんわじんじょう》いわゆる『魏志《ぎし》』倭人伝であり、もう一つが五世紀の『宋書《そうじょ》』夷蛮伝倭国条《いばんでんわこくじょう》（以下、『宋書』倭国伝）である。『宋書』倭国伝では五世紀の列島の歴史について、五人の王が中国に外交使節を派遣してきたとする。いわゆる倭の五王――讃《さん》・珍《ちん》・済《せい》・興《こう》・武《ぶ》である。

これまでの代表的な説を挙げれば、讃を第16代仁徳《にんとく》天皇、珍を第18代反正《はんぜい》天皇、済を第19代允恭《いんぎょう》天皇、興を第20代安康《あんこう》天皇、武を第21代雄略《ゆうりゃく》天皇とする（代数は現在の皇統譜による）。讃・珍については他にも説があるが、済・興・武についてはほぼ確定的に考えられている。だが史料が少ないこともあり、その理解が深まっているとはいいがたい。

現在の高校教科書を繙《ひもと》くと、倭の五王について五世紀初めから一世紀の間外交使節を派遣したと書かれている。しかし、讃が初めて派遣したのが四二一年、最後の武の遣使が四七八年である。その間五七年、つまり半世紀強にすぎない。こうした基礎的な事実すら教科書レベルでミスリードがある。

倭の五王について、記・紀に記されている歴代の「天皇」（ただし、天皇号の成立は七世紀後半まで下る）の誰に該当するのか人々は関心を寄せ続けてきた。研究は、記・紀と、中国の『宋書』倭国伝に記された倭の五王を対応させてきた。

これまで記・紀について、のちの時代に作為的に作り上げられたところばかりではなく、一定の信憑性《しんぴょう》があると推測して研究が進められてきた。倭の五王における研究の主軸はあくまで記・紀であり、『宋書』倭国伝はその史料的価値を補うものとしての評価にとどまっていた。しかし、内容の信頼性、すなわち史料的価値はどちらにあるだろうか。

『宋書』は中国南朝の宋、斉《せい》（南斉）、梁《りょう》に仕えた沈約《しんやく》が編集し、最終的には六世紀前半の梁の時代に成立した。ただし本紀《ほんぎ》（皇帝ごとの事跡の記録）と列伝《れつでん》（人臣の伝記を並べた記録）は宋が滅亡した四七八年から九年後、四八七年に編纂の勅命が下され、翌四八八年に完成している。沈約はわずか一年で本紀と列伝の七〇巻分を書き上げたことになる。

だが、宋代に作られていた宋の歴史書を参照しながら作ったと沈約は『宋書』の自序《じじょ》で述べている。このことをふまえると、『宋書』倭国伝の記録、特に前半部は宋と同時代にすでに執筆されていた可能性が高い。

一方、『古事記』は七一二年に成立した。太安万侶《おおのやすまろ》の序には、天武《てんむ》天皇のときに帝紀《ていき》・本辞《ほんじ》という各氏族が持っていた記録に誤りが多いのを憂いて着手し、天武天皇の死後に中絶していた作業を元明《げんめい》天皇が再開させて完成した経緯が記されている。『日本書紀』は序が残されておらず編纂の経緯は不明瞭《ふめいりょう》なところが多いが、六八一年の史書編纂の詔《みことのり》から始まったと考えるのが妥当であろう。四〇年近くの歳月をかけて七二〇年に成立した。

五世紀の倭国史について考えるとき、『宋書』倭国伝と記・紀のいずれに重点を置くべきかはいうまでもない。まずは『宋書』倭国伝を中心に据えるべきであり、記・紀はその補助史料として位置づけられるべきである。もちろんこれまでもそうした研究はあり、大きな成果をもたらした。ただし、現代日本人の意識の根底にはまだ記・紀を主軸とする考えがある。

本書は、倭の五王を、ひいては五世紀の倭国を理解するために、記・紀以外からどのような歴史をうかがえるのかを試みる。

そこからは王権、国の組織のあり方、文化レベルなど記・紀が作り上げたイメージとは異なる五世紀の東アジアの歴史が眼前に姿を現すことになる。本書によって、日本の立場だけで日本史を考える危うさについて気付くきっかけになればと思う。

＊

本書は以下のように構成している。

序章では、倭の五王の登場前夜を見る。四世紀後半の東アジアでは分裂していた中国とともに倭国・高句麗《こうくり》・百済《くだら》が国際関係の主要国であり、各国の状況、関係性を見ていく。

第1章では、五世紀初頭の東アジアの状況を見渡しながら、五王の最初である讃について述べる。なぜ讃は、四二一年にそれまでの断絶を超えて中国との外交に乗り出したのか。それが列島支配にどのような影響を与えたのか考えていく。

第2章では、珍から興までの倭国の動向と東アジアの情勢をながめる。分裂する中国の抗争と東アジアの動向は密接に関連し合っていることに注目したい。また、倭国内では五王の継承はどのような実態であったのか検討する。

第3章では、最後の王である武について、武が宋に送った上表文を手がかりにしながらその権力と文化レベルについて触れる。現代人の持つ五世紀のイメージの固定観念を崩すきっかけとしたい。

第4章では、倭の五王は、『古事記』『日本書紀』に記された天皇とどのように一致するのか、これまで繰り返し論じられてきたが、この論点が内包する問題点について批判し、五王の実像を整理したい。

そして終章では、倭の五王が姿を消し、ヤマト政権が新たな展開を迎えることを見通していく。

なお、本書での史料引用は、特に註記がない以外、筆者による現代語訳で示している。また、本文中に名前を挙げた方の敬称は省略した。読者の便宜を図って天皇には代数を付した。ただし天皇名の頭に冠した現在の皇統譜に基づく代数は、歴史的事実を示すものではない。

最後までお付き合い願いたい。

目次

系図〈天皇家〉　註／『日本書紀』による

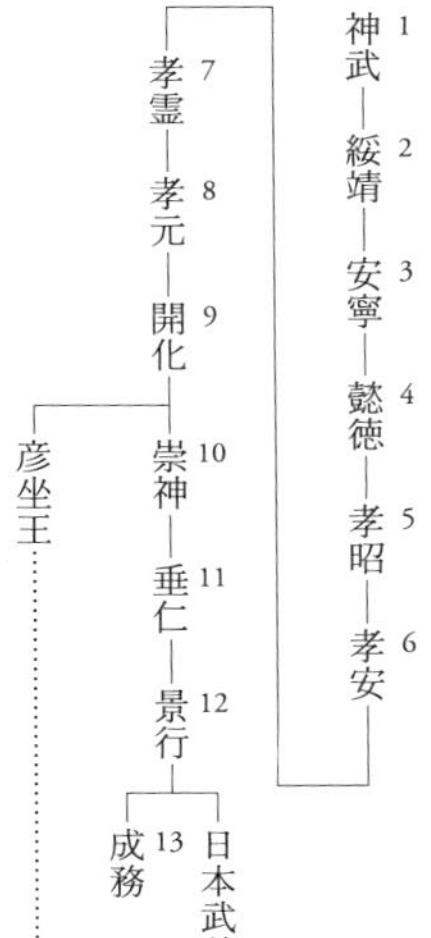
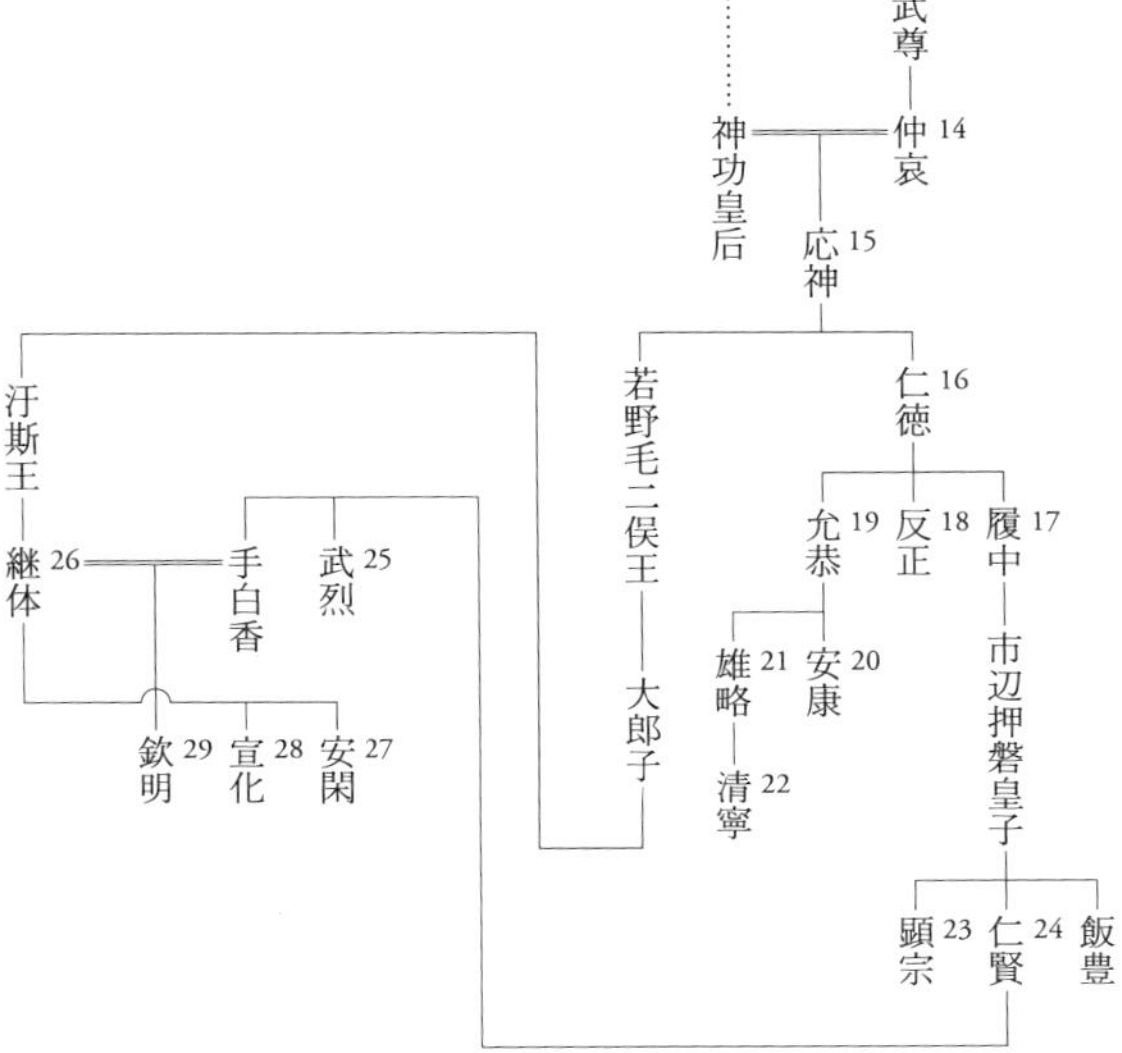

〈倭の五王関係図〉

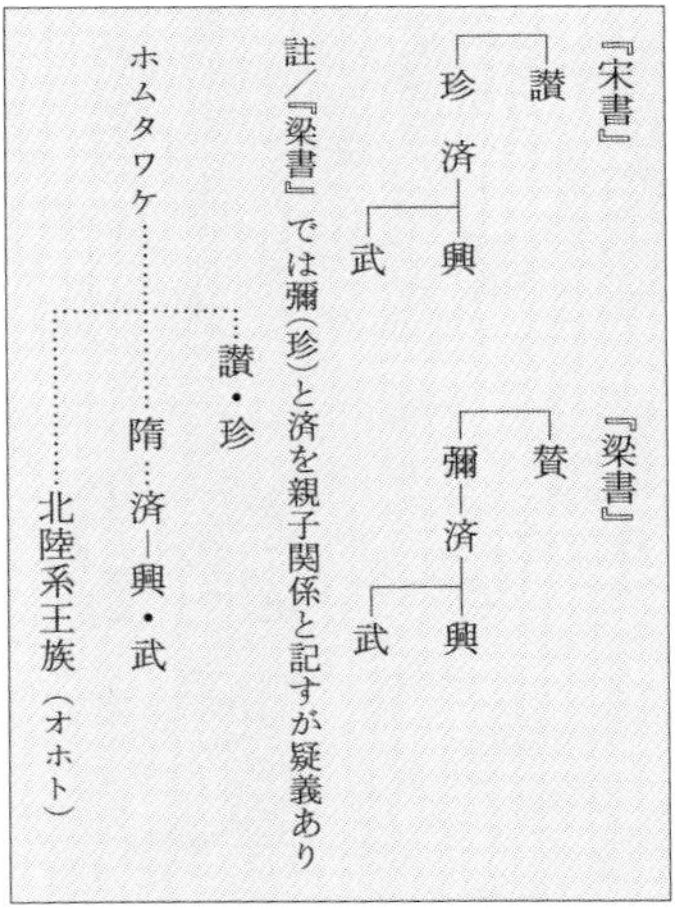

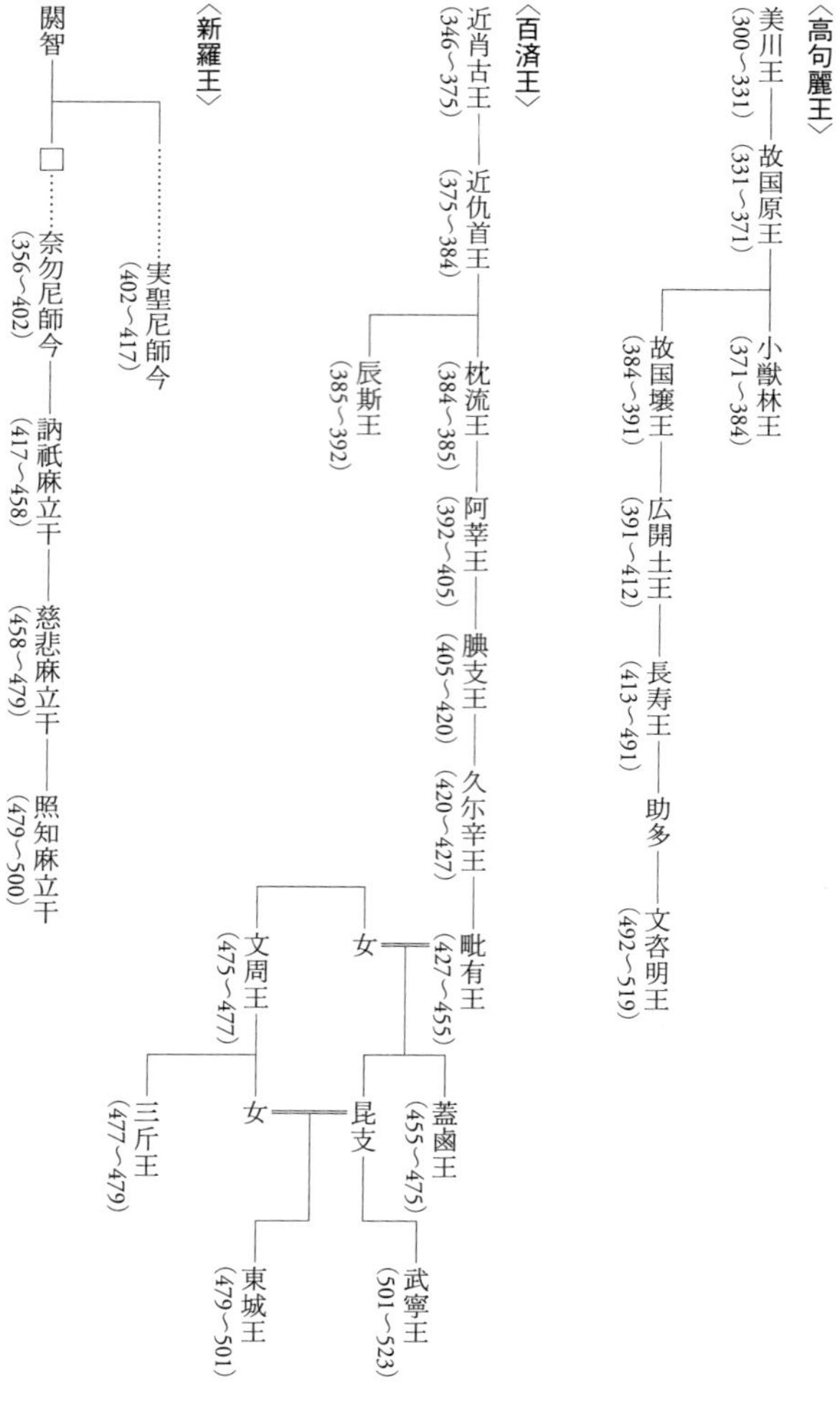
〈高句麗王〉
美川王（300〜331）
故国原王（331〜371）
小獣林王（371〜384）
故国壌王（384〜391）
広開土王（391〜412）
長寿王（413〜491）
助多
文咨明王（492〜519）
〈百済王〉
近肖古王（346〜375）
近仇首王（375〜384）
枕流王（384〜385）
辰斯王（385〜392）
阿莘王（392〜405）
腆支王（405〜420）
久尓辛王（420〜427）
毗有王（427〜455）
女
蓋鹵王（455〜475）
昆支
文周王（475〜477）
女
武寧王（501〜523）
東城王（479〜501）
三斤王（477〜479）
〈新羅王〉
閼智
実聖尼師今（402〜417）
□
奈勿尼師今（356〜402）
訥祇麻立干（417〜458）
慈悲麻立干（458〜479）
照知麻立干（479〜500）

注記　数字は在位期間

倭の五王

――王位継承と五世紀の東アジア

序章　四世紀後半の東アジア——倭国「空白」の時代

東アジアのなかから倭の五王を考える際には、彼らがどのような国際関係を基軸に動いていたか、その関係がいつ頃から形成されたかについて注目しなければならない。そのためには倭の五王が登場し、東アジアで活動する前段階にさかのぼって確認する必要がある。

倭の五王が登場する直前の四世紀に対して、古代史の世界ではしばしば「空白の四世紀」という呼ばれ方がされる。倭国について記す同時代の文献史料がほとんどないからである。そこでこの時期の倭国の動向を知るために、倭の五王登場以前の東アジアの情勢全体を中国史料や朝鮮史料から浮き彫りにしていきたい。

1　百済との軍事同盟——七支刀は何を語るか

七支刀に刻まれた「倭王」

倭の五王とは倭王（倭国王）を名乗って東アジアの国際関係に乗り出した倭国の王である。

ただし、それ以前にもう一人、倭王と呼ばれた人物がいた。それは七支刀《しちしとう》の名で著名な刀に刻まれた銘文《めいぶん》に記されている。（0－1）

七支刀は石上神宮《いそのかみ》（天理市《てんり》）に神宝《しんぽう》として伝えられてきた、特異な形状で知られる刀である。刀身の表裏に文字が刻まれて象嵌《ぞうがん》が施されている。象嵌の剝落《はくらく》により判読できない箇所があり、その点をめぐって見解が分かれているところもあるが、その解釈はおおむね次のようになる。

〔表面〕
泰□四年□月十六日丙午《へいご》の日のよい時刻に打ち上げた鉄で七支刀を造った。〔この刀を持てば〕武器による災いを避けることができ、礼儀正しい侯王《こうおう》が持つのにふさわしい。□□□□が作った。

〔裏面〕
これまでの世にこのような刀はなかった。百済王の世子《せいし》の奇《き》は尊い加護を受けて生きてきた。そこで倭王旨のために〔刀を〕作らせた。〔百済《くだら》と倭国の関係が〕後世まで伝え示されることを願う。

右の文面は、表面に七支刀の効用に関する吉祥句《きちじょうく》が連ねられている。裏面は一転して七支刀作製の事情について述べており、百済から倭国への贈与物であること、七支刀が後代まで伝わることによって両国の関係が続くことを願っていることがわかる。

銘文について要所を見ておこう。冒頭に「泰□四年」という年が記されているが、東晋《とうしん》の太和《たいわ》四年（三六九）のことである。字が異なるが、「太和」を「泰和」と記すことは、『隋《ずい》書《しょ》』経籍志《けいせきし》という史料に東晋・太和年間の記録を「晋泰和起居注《しんたいわききょちゅう》」と記す例があり、「泰」と「太」は通用すると見て問題ない。

さらに百済王の世子（世継）の奇という名の王子が倭王のために作らせたとあり、ここに倭王が登場する。「旨」は「むね」と読んで倭王の要望とする説（山尾幸久）、「嘗」を省略して記したとする説（宮崎市定）、「旨《うま》く」と読む説（吉田晶）、人名とする説（川口勝康、鈴木靖民など）があるが、いずれとも断定しがたい。

七支刀の授受をめぐって、百済と倭国の関係が取り沙汰されてきた。その解釈は主として

0-1　七支刀

四つある。第一に七支刀は東晋が倭国に授けたものであり、百済は仲介役にすぎない（栗原朋信）。第二に百済が倭国に献上したもの（福山敏男、榧本杜人）。第三に百済が倭国に下賜した（金錫亨）。そして、第四に対等な関係での贈物（吉田晶、鈴木靖民）という見解である。

七支刀の銘文は多くの問題を内包するが、三六九年に百済が倭国との外交関係の永続を願って作製したものであることは疑いない。

なぜ七支刀が倭国にもたらされたのか、そこに記された倭王の実像はどのようなものか、それを明らかにするためには少し時間をさかのぼって考える必要がある。

高句麗の百済攻撃とその背景

三六九年という年に注目したい。この年九月に高句麗の故国原王《ここくげんおう》が軍を発して南下した。その数二万という。百済の近肖古王《きんしょうこおう》は雉壌《ちじょう》で迎え撃ち、これを撃退した。高句麗は二年後の三七一年にも攻勢をしかけたが、百済は再度これを撃退した。

高句麗が繰り返し南下を試みたのは中国の情勢と関わる。中国は四世紀初頭以来分裂の時代に入っていた。遼東《りょうとう》地域には鮮卑《せんぴ》族の前燕《ぜんえん》という王朝が割拠しており、高句麗はその王朝に悩まされ続けた。

三三三年に前燕の実質的な基礎を築いた慕容廆《ぼようかい》が死去し、その後継をめぐって慕容皝《ぼようこう》・慕《ぼ》

0-2　朝鮮半島（3～4世紀）

N
稗麗
扶余
挹婁
玄菟郡
龍城
遼東郡
丸都
東沃沮
日本海
前燕
高句麗
遼西郡
平壌城
雉壌
濊
漢城
伯済
斯盧
金官
安耶
黄海
対馬

容仁《ようじん》の兄弟が争った。この争いは慕容皝が勝ち、三三六年に慕容仁を殺害、翌年に即位して正式に前燕を建国したが、この過程で慕容仁の家臣が高句麗に亡命している。なかでも知られているのが冬寿《とうじゅ》という人物である。

冬寿は高句麗に亡命後、三五七年に死んだ。その墓は一九四九年に発掘された安岳三号墳《あんがくさんごうふん》であり、その壁に記された墓誌に当時の経歴が記されている（岡崎敬）。

永和《えいわ》十三年十月戊子朔廿六日《ぼしさくにじゅうろくにち》癸丑《きちゅう》、使持節都督《しじせつととく》諸軍事、平東《へいとう》将軍、護撫夷校尉《ごぶいこうい》、楽浪相《らくろうしょう》、昌黎《しょうれい》・玄菟《げんと》・帯方太守《たいほうたいしゅ》、都郷侯、幽州《ゆうしゅう》・遼東・平郭都郷敬上里、冬寿、字は□安、年六十九で亡くなった。

これによると冬寿は高句麗への亡命後も中国的な官職を保持しており、強大な勢力を誇っていた様子が見て取れる。前燕にとって高句麗は反対派勢力の受け入れ先であり、自らを脅かしかねないものとして危険視していた。実際、四～五世紀にかけて中国から高句麗への政治的亡命は多発している。

前燕はその危惧《きぐ》から軍事行動を起こす。三四二年に高句麗を攻撃し、王都である丸都《がんと》を占領した。故国原王は単騎で逃走するという体たらくであった。丸都を制圧した前燕軍は前王である美川王《びせんおう》の墓を暴いてその遺体を持ち去り、王の母と妃を拉致し、財宝と人民を略奪し去っていった。

高句麗にとってこの事件の衝撃は大きかった。故国原王は翌年に前燕に臣と称して朝貢し、美川王の遺体を受け取った。しかし、母親は人質として前燕に留められ、繰り返し帰国を願うも認められず、それが実現するのは三五五年のことである。

このように高句麗にとって前燕の存在は重くのしかかっていた。前燕にとっても高句麗は厄介な存在だった。

その状況が動いたのが三六九年だった。四月に東晋の桓温《かんおん》が前燕攻撃にふみ切り、遼東地域はにわかに流動的になる。高句麗は前燕が動きの取れない状況になったのを見計らって百済攻撃に出たのである。

三六九年の東晋の攻撃を退けた前燕では、東晋との戦いで活躍した慕容垂《ぼようすい》と権力者慕容《ぼよう》評《ひょう》の対立が深刻化し、慕容垂が華北の強国前秦《ぜんしん》に亡命する。三七〇年には前秦が前燕へ攻め込み、有能な武将を失った前燕は皇帝の慕容暐《ぼようい》が捕らえられ、あっけなく滅んだ。

三七一年の高句麗による百済への攻撃は前燕滅亡という情勢のなかで西側の憂いがなくなったことによる行動であった。このように中国の分裂をめぐる抗争と半島の情勢は直接的に連動していた。

百済の外交政策――東晋と倭国への使節

高句麗の南下に対して三七一年の冬、百済近肖古王は反撃に転じ、高句麗の平壌《へいじょう》城を攻めた。故国原王はこれを防ごうとして流れ矢に当たり戦死し、戦いは百済の勝利に終わる。百済は都を漢城《かんじょう》に移し、その勢威は最初のピークを迎える。ここで百済は二つの外交政策を展開する。一つが江南《こうなん》王朝である東晋へ朝貢を始めたことであり、もう一つが倭国との関係の構築であった。

東晋への朝貢から見ておこう。東晋への遣使は都の移動と強く関わる。漢城は半島西岸中部に位置し、現在のソウルの近くにあたる。中国へ向かうのに、漢城からであればやや北上して黄海《こうかい》を横断、そのまま山東《さんとう》半島に進みやすくなる。この時期の山東半島は前燕の滅亡後の情勢で東晋の勢力圏内であり、百済にとって東晋への安全な朝貢が実現した。それによって中国江南の王朝と百済の結びつきが確立する。この外交関係はのちのち、東アジアを規定する重要な意味を持つようになる。

三七二年正月の百済の朝貢に対して、東晋もすぐに反応した。同年六月に東晋からの冊封《さくほう》使《し》が派遣され、近肖古王を鎮東《ちんとう》将軍・領楽浪太守《りょうらくろうたいしゅ》に任命した。百済は翌三七三年にも東晋に使節を派遣しており、早急な関係の強化を意識していたことがうかがわれる。

もう一つの外交政策が、倭国との外交関係の構築である。倭国と百済の外交の開始については『日本書紀』にも記されている。それによると、神功皇后《じんぐう》摂政《せっしょう》前紀仲哀《ちゅうあい》九年十月辛《しん》丑《ちゅう》条に初めて百済が登場する。神功皇后が新羅《しらぎ》を服属させたことを聞きつけた百済と高句麗が降伏を願い出たという内容である。神功皇后の「新羅征討」とそれに付随する三韓服属という文脈で語られており、事実とは到底認めがたい。この箇所は『日本書紀』が編纂された八世紀における律令国家の支配論理を歴史に反映させたものである。

日本の律令国家は朝鮮半島の国々を日本に朝貢すべき臣下の国（蕃国《ばんこく》）と一方的に位置づけており、その時点ですでに滅んでいた百済についても朝貢国としてその由来を語る必要があった。そこで、本来新羅との関係を語る神功皇后伝承（これ自体も『日本書紀』編纂の際の創作である）に百済の服属というフィクションを無理やり入れ込んだのである。

三七二年に贈られた七支刀

ただし、『日本書紀』についてすべてが八世紀の創作であるとするのも暴論である。神功皇后紀に倭国と百済の外交に関する記事がある。

〔百済の〕久氐《くてい》等が千熊長彦《ちくまながひこ》に従ってやってきた。そして、七枝刀《ななつさやのたち》一口・七子鏡《ななつこのかがみ》一面とさまざまな宝を献上した。申すことには、「臣の国は西方に川があります。水源は谷那鉄山《こくなてつざん》です。その遠さは七日でもたどり着きません。この水を飲み、この山の鉄を取ってずっと聖朝に献上しましょう」（摂政五二年九月丙子《へいし》条）

ここに「七枝刀」が見える。神功摂政五二年は単純に換算すると二五二年にあたるが、『日本書紀』が元の記録を一二〇年さかのぼらせたことが明らかにされており、本来は三七二年の出来事である。七支刀は三六九年に作製され、三七二年に倭国に伝えられたということになる。

では、倭国と百済の七支刀のやりとりをめぐる外交の内実はいかなるものであったのか。三六九年の時点で高句麗の南下は一時的に撃退したとしても決着がついていたわけではないことに注目すべきである。百済は対高句麗問題の対策として倭国との外交に着手した。それは倭国と百済による対高句麗同盟であった。

故国原王を敗死させ、百済は当面の高句麗問題をクリアした。百済の勝利に終わったものの、百済は高句麗が二度と南下してこないとは思っていなかったであろう。それゆえ、国際関係の強化を図り、三七二年に東晋と倭国との外交を樹立させたのである。七支刀はその象徴であった。

倭国と百済の対等な同盟

このように国際関係をながめると、七支刀の授受にどのような意図が込められていたのかが明らかとなる。

東晋の仲介という説から見ておこう。東晋との外交樹立は三七二年、それに対して七支刀作製は三六九年である。前後関係からして東晋が百済を介して倭国に七支刀を授けるというのは矛盾した説明である。明らかに成り立たない。すなわち、七支刀は東晋が関与するものではなく、倭国と百済の関係のなかで理解するべきである。

なお、東晋説の論拠に七支刀に東晋の年号が記されていることが挙げられている。この問題については第1章で触れることにする。

さて、両国の関係は高句麗の南下に対する軍事同盟であった。高句麗に対してそれぞれどのような行動をとったのかといえば、倭国が援助して百済が対決する、という関係となる。このように見ると、百済が倭国に援助を要請する立場であり倭国のほうが優位なように見えなくもない。しかし、百済は三七一年に独力で高句麗を退けており、倭国はその軍事行動に寄与していない。そうすると、百済が倭国に対して臣従する必要はまったくない。すなわち、百済からの献上説は成り立たない。

一方、逆に倭国への下賜説はどうか。実は倭国は朝鮮半島に対して重要な資源を頼っていた。鉄である。日本列島では当時鉄は産出されておらず、その供給は倭国にとって重要な課題であった。先に挙げた『日本書紀』神功摂政五二年条にも鉄の贈与について触れているが、鉄の供給はその多くを朝鮮半島南部の加耶《かや》地域に依存していた（鈴木靖民）。百済からの供給がないことで倭国が困難に直面するとは考えがたい。よって倭国が百済に従う必然性もない。下賜説にも無理がある。

そうすると両国の関係は対等なものとして理解すべきということになる。高句麗の南下という国際的課題が浮上するなかで、両国の利害関係が一致して同盟が結ばれたのである。倭国と百済の深い関係はここから始まった。

倭王の実像

では、このとき百済と軍事同盟を結んだ「倭王」とはどのような人物なのか。それには当時の日本列島の社会状況を知る必要がある。

四世紀後半は古墳時代にあたる。古墳時代をどのように説明するかについては考古学者の間でも細部に違いがあるが、基本的には社会のなかで古墳が政治的統合を示すものとして機能していた時代である。

その時期は三世紀半ばから六世紀末までという見解が主流である。以前は前後期の二期に分けることもあったが、現在では三期に区分するのが一般的である。三世紀半ばから四世紀までの前期、五世紀の中期、六世紀の後期という区分になる。なお、七世紀を古墳時代の終末期として位置づけることもある。

古墳のなかでも重要なのが前方後円墳である。それは各地の首長のみが作り得るものであり、権力の象徴であった。なかでも、のちに畿内と呼ばれる地域に二〇〇メートルを超える巨大前方後円墳が集中的に造られた。それらの多くはその造営における権力の大きさから、当時の倭王権の墓と見なされている。

畿内の巨大前方後円墳の所在地は五つの地域に特に集中しており、それぞれ同一勢力が同じ地域に古墳を造営し続けた古墳群であると見なされている。それが奈良盆地南東部の大和《おおやまと》・柳本《やなぎもと》古墳群、同じく北部の佐紀《さき》古墳群、同じく西部の馬見《うまみ》古墳群、これに対して大阪・河内《かわち》地域の古市《ふるいち》古墳群と和泉《いずみ》地域の百舌鳥《もず》古墳群である。

大王を輩出したとされるこれらの古墳群の消長は次のようになる。まず大和・柳本古墳群が先行的に出現し、ついで四世紀に佐紀古墳群が有力化する。ところが四世紀末頃から古市古墳群がそれにとって代わるようになり、馬見古墳群も古市古墳群に及ばないものの五世紀初頭に最有力化する。五世紀半ばになると古市に入れ替わるかのように百舌鳥古墳群がもっ

0-3　古墳群図（3世紀中頃～6世紀）

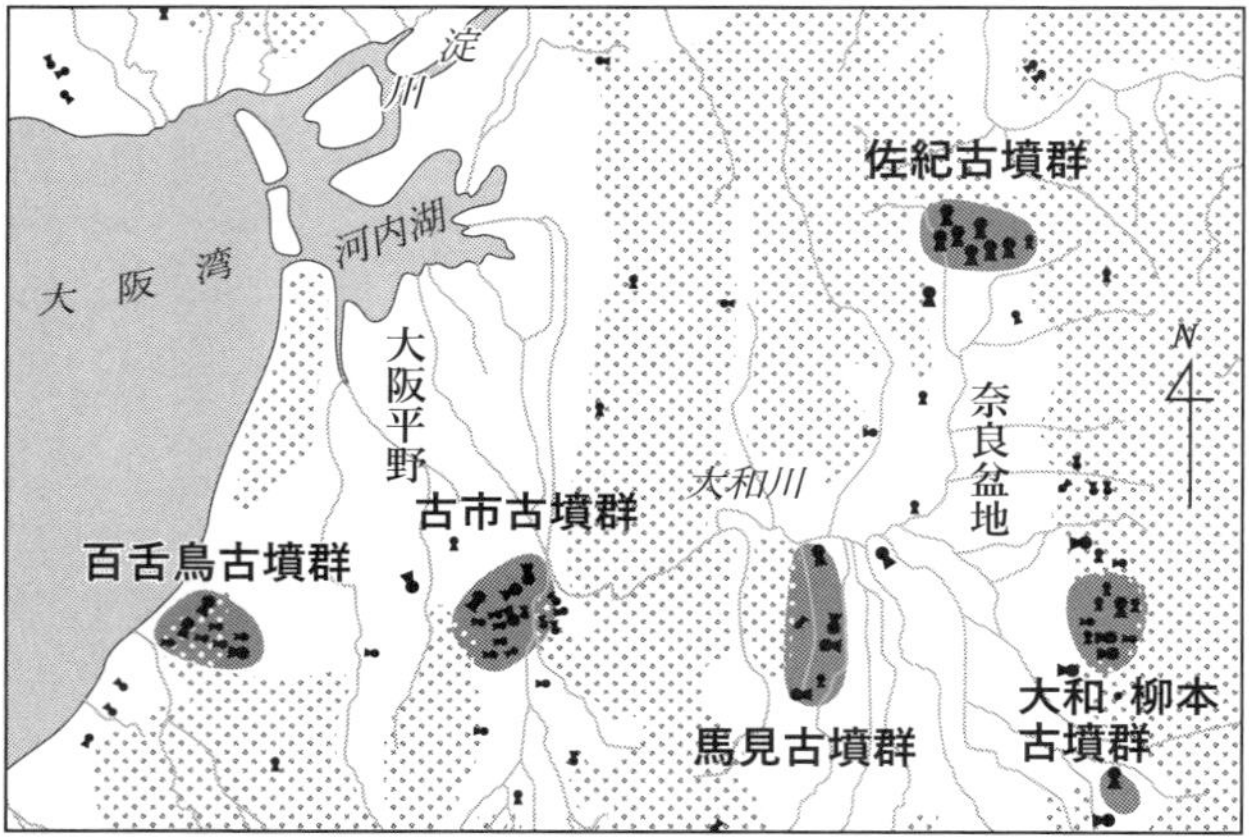

とも強大化する、という傾向を示す。なお、前方後円墳自体が時期が下るにつれて巨大化し、百舌鳥古墳群に属す大山《だいせん》古墳によって最大化することは周知の通りである。

このように見ると、倭国が百済と軍事同盟を結び、本格的に朝鮮半島に乗り出した四世紀後半は、巨大前方後円墳から見ると佐紀古墳群から古市古墳群に権力が移動する時期にあたる。

古市古墳群は佐紀古墳群が奈良盆地にあったのとは異なり、大阪に古墳を造営した。朝鮮半島との交通を考えると瀬戸内海は不可欠なルートであり、百済との関係強化という政策を打ち出した七支刀の「倭王」にとってそのアクセスは重要な課題であった。それゆえそこに古墳を造営して拠点化することは必須であったといえる。

ただし、そのことと大阪が政治の中心地となったかは別に考える必要がある。佐紀と古市はいずれも大和川ないしその支流流域沿いに位置する。交通という面からすれば同一ルート上に乗っているのであり、両者を断絶的に捉えて強調するべきではないだろう。特に当時の大阪平野には河内湖《かわちこ》という巨大湖が存在していた（『新修 大阪市史』）。交通上のアクセスはともかく、国内の政治の中心地とするには立地条件があまりよくない。古市は交通の要衝として第二の拠点化した地域だったのではないだろうか。ただ、「倭王」が古墳を、佐紀から訣別《けつべつ》して古市に造らせるようになったことの意義は軽くない。

「倭王」はそれまでの王とは異なり、朝鮮半島との関係を重視し、河内地域を拠点として百済との外交を構築した。当時の対外交流の面目を一新させたリーダーであった。それは来たるべき倭の五王の時代の国際競争の先駆けであった。

高句麗と新羅

他方で、のちに朝鮮半島で高句麗、百済とともに鼎立《ていりつ》することになる新羅はどのような立場であったのだろうか。

新羅は元は朝鮮半島南東部にあたる辰韓《しんかん》の斯盧国《しろこく》である。百済と同様に四世紀半ばに発展した。この時期の新羅の活動では三六六年と三六八年に百済との外交が確認できる。ところが三七三年に百済から新羅に逃散《ちょうさん》した民の処遇をめぐって対立しており、その関係は決して安定的ではなかった様子がうかがえる。

半島南東部に位置する新羅は中国との交通が地勢的に難しい。そのためには高句麗か百済の勢力範囲を通行せざるを得なかった。そうしたなかで三七七年に中国に初めて使者を派遣する。その相手は華北の前秦であった。このときは高句麗に随伴して前秦に朝貢しており、高句麗がその遣使を媒介していた。それは、この頃に高句麗が新羅の外交に介入するようになっていたことを示唆している。

このような外交への介入は重要な問題である。高句麗が介在した新羅の前秦への朝貢は、媒介する高句麗にとっても二つの政治的意味を持った。一つは前秦に対して新羅という新たな外国を引き連れることで前秦皇帝（苻堅《ふけん》）の徳を称揚し、前秦と高句麗との間に円滑な外交を展開することが期待できる。前燕を三七〇年に滅ぼし勢力を拡大した前秦は高句麗にとって新たな警戒対象であり、高句麗は両国の利害が対立するかどうか慎重に様子をうかがっていた。

もう一つは、高句麗が新羅を従属させる大国であることを前秦に示すことである。高句麗の対外的な立場を主張することにもつながる。四世紀後半における新羅の国際舞台への登場は、高句麗の外交活動に強く制約されていたのである。

このように中国の遠方の国が中国に朝貢する際に、その交通路上にある別の国が介在することを重訳《ちょうやく》という。中国に接していない遠方の異民族が中国に隣接した国・民族を媒介として来朝することを「訳を重ねて」到来したものとして、中華思想に基づいて理解するのである。こうした考え方を利用して周辺国がさらにその周辺を引き連れて中国と外交する形式は古代には多々見られるものであり、「重訳外交」と称すべきものである。

新羅は三八三年にも前秦に使節を派遣している。このときは高句麗の使者に随伴したとは記されていない。しかし、交通ルートと高句麗の対中国外交という事情を思い返せばその派遣は高句麗の監督下にあったと見てもおかしくはない。

三六〇年代に百済と通交していた新羅は、三七〇年代以降高句麗の勢力下に組み込まれつつあった。それは、三七一年に故国原王の戦死という衝撃に直面した高句麗が、百済のある西岸部の南下政策を保留し、失地回復のために半島東岸部への進出を強めたことの表れである。三七三年の新羅と百済との対立も、背後に高句麗の存在を見るべきかもしれない。

2 高句麗の飛躍、倭国の渡海——広開土王碑の真実

淝水の戦——前秦と東晋の決戦

三七一年に百済が高句麗に大勝したことを契機に、東アジアは百済を焦点としながら新しい国際秩序ができあがりつつあった。一方中国では、北方で前秦が圧倒的な勢力を持ちつつあった。

三七〇年に前燕を滅ぼした前秦は、三七六年に漢族の前涼《ぜんりょう》を滅ぼし遊牧民族である鮮卑《せんぴ》の代《だい》国を従属させた。これによって華北は前秦が統一したことになる。残るは江南に拠《よ》っている東晋のみであり、天下統一を目指す苻堅は三八三年に総勢一〇〇万と号して東晋を滅ぼすべく南下を始めた。それを食い止めるために東晋は都の建康《けんこう》の北西、淮水《わいすい》の支流である淝《ひ》水《すい》で対峙した。まさに天下分け目の戦いといってよい。

彼我の兵力の差は圧倒的であった。しかし、初戦で東晋軍は多勢の前秦軍の出鼻を挫くことに成功した。そのことに対して苻堅は慎重になりすぎた。苻堅は東晋軍が淝水を渡河する途中を攻撃しようと軍の一時的後退を命じたが、これが痛恨の失策となった。退き始めた軍が止まらなくなり、加えて漢人部将の離反も起こった。東晋軍はそこに追い打ちをかけるよ

0-4　4世紀後半の東アジア

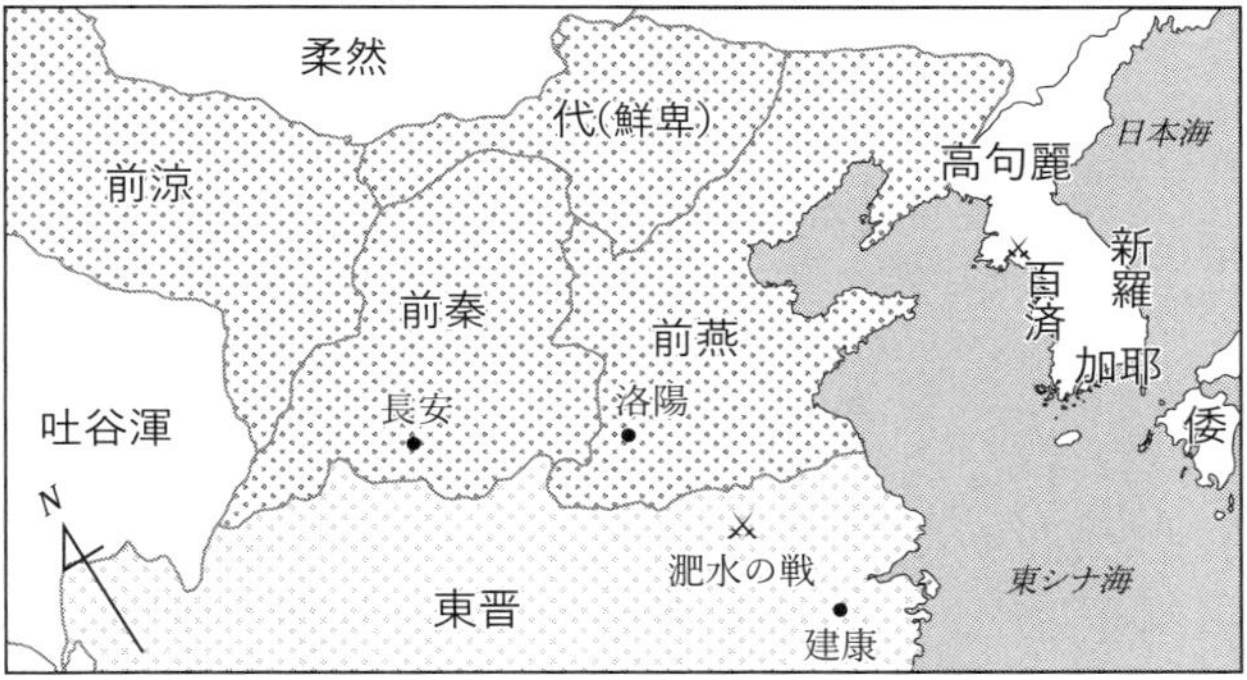

うに追撃を加え、前秦軍はあっけなく敗北、その損害は七、八割にのぼったという。

東晋軍勝利の報は建康にもすぐに伝わった。宰相の謝《しゃ》安《あん》はその報せを受け取ったとき、来客と碁を打っていた。客の問いに謝安は「小僧ども（将軍たち）が勝ったようだ」と事もなげに返事をした。しかし、客が辞去した後、喜びのあまり部屋で小躍りし、下駄の歯が折れたことにも気づかなかったという（『世説新語《せせつしんご》』）。この勝利により東晋はその命脈を半世紀ほど延ばすことになる。

敗北した苻堅の求心力は急速に低下し、華北統一過程で吸収した五胡《ごこ》の離反が相次いだ。鮮卑族の後燕《こうえん》や西燕《せいえん》、羌《きょう》族の後秦《こうしん》、氐《てい》族の後涼《こうりょう》などである。苻堅は失意のうちに殺され、強盛を誇った前秦は急速に衰えて三九四年にあっけなく滅んだ。

朝鮮半島への影響

淝水の戦として知られるこの戦いは東アジアにも影響した。翌三八四年に百済は東晋に遣使している。同年に百済の近仇首王《きんきゅうしゅおう》が死去し枕流王《ちんりゅうおう》が即位しており、その即位報告の使者であろうが、戦勝の祝賀使も兼ねていたであろう。枕流王は三八五年に在位二年で死去し、辰斯王《しんしおう》が即位すると東晋は三八六年に冊封している。ということは、記録に残っていないが、王の交代を報《しら》せる百済の使者があったはずである。百済と東晋の関係は百済の代替わりごとに冊封を重ね、強固なものとなっていく。

一方、前秦が瓦解したことによって遼東地域は流動化する。三八五年六月に高句麗は遼東郡・玄菟郡を攻撃してこれを陥《おと》している。これに対して後燕が反撃し、一一月に同地を奪還した。遼東のこうした不安定な情勢によって流民が発生し、幽州・冀州《きしゅう》から高句麗に流入する人が多かったという。

当時の高句麗王は小獣林王《しょうじゅうりんおう》(在位三七一~三八四)、故国壌王《ここくじょうおう》(在位三八四~三九一)であった。小獣林王は三七三年に「律令」を頒布したという。この「律令」が中国的な成文法そのものを指すかどうかは定かではないが、支配体制の整備を進めたという程度には理解してよい。三七一年の故国原王の戦死後、高句麗は中国から流入・亡命してくる人々を受け入れた。それは国内に摩擦を引き起こすおそれもあったが、社会不安の原因になりかねない流動的な人流という状況をむしろ人材登用の好機として転化し、すばやく立ち直ることに成功したのである。

三七七年に前秦との外交に新羅を帯同したことは、すでにこの時点で半島南東部に一定の影響力を行使できるまでに回復したことの証《あかし》である。三九二年正月に新羅は高句麗に人質を派遣している。

高句麗の回復は対百済戦争の再開でもある。浿水の戦と前後する三七六〜三七七年、三八六年には早くも百済への南進を繰り返している。百済も平壌城を攻めるなど反撃している。状況は膠着《こうちゃく》気味であったが、半島西岸部の緊張は継続していた。

広開土王の登場と飛躍

こうした情勢のなかで三九一年に高句麗に新たな王が現れた。それが広開土王《こうかいどおう》である。名前を談徳《だんとく》といい、中国史書では「安」という名で記録されている。諡号《しごう》を国罡上広開土境平安好太王《こくこうじょうこうかいどきょうへいあんこうたいおう》という。領土を広げて国を安定させた素晴らしい王という意味で、死後に贈られた称号である。いわゆる「広開土王」や「好太王」はこの諡号の略称である。生前は永楽太王《えいらくたいおう》と呼ばれていた。その二二年の治世で高句麗は飛躍的に発展した。

広開土王の在世中は対外戦争に明け暮れた。そうした広開土王の軍事活動は、広開土王碑

0-5　広開土王碑拓本（1面）

にも記されている。碑は中国吉林《きつりん》省集安《しゅうあん》に所在し、四一四年に広開土王の息子の長寿王《ちょうじゅおう》によって立てられた。広開土王の生前の事績とその陵墓を管理する墓守について記した石碑である。碑文の内容は三つに分けることができる。まず高句麗の歴史、神話から広開土王の死去までを語る。次に広開土王の功績、王による領土の拡大を年代ごとに記す。最後に、広開土王の陵墓の管理、王の墓を守る守墓人のリストの列挙である。

王の功績の記述は、三九五年に稗麗《はいれい》（契丹《きったん》）に親征したのを皮切りに、三九六年に百済親征、三九八年に粛慎《しゅくしん》討伐、三九九年に倭人撃退、四〇〇年に倭・安羅《あら》攻撃、四〇四年に倭との海戦、四〇七年には国名が明記されていないが百済と戦い、四一〇年に東扶余《ふよ》に親征している。息をつく暇もなく高句麗の領域を広げることに終始した生涯であった。その戦争相手を見ると、実は倭国がもっとも登場回数が多い。広開土王にとって倭国が最大の敵として意識されていたことが見て取れる。

広開土王碑に出てくる民族はこればかりではなく、他にも広開土王が韓・穢《わい》（濊《わい》）に攻め込んで略奪したことが記されており、韓と総称されていた半島南部の小国や濊をその勢力下に収めていたことが高らかに宣言されている。こうした国や民族名から『魏志』東夷伝に記された多様な民族がこの時代にもまだ存続していたことが見て取れる。広開土王が周辺に対して軍事行動を取り続けたことはそうした民族の勢力バランスを崩すものであり、そのいくつかがこの後に消えていく。

一二世紀に編纂された朝鮮三国の歴史書『三国史記』にも、百済や中国の後燕と連年のように争ったことが記されている。ただし『三国史記』の広開土王の記事の年代にはズレがあり、それを補正する点でも碑文は注目される（武田幸男）。

また、碑文には記されていないが、新羅への圧迫も強化していた。三九二年に新羅から人質を取っている。人質の実聖《じっせい》は四〇一年に帰国して翌年即位するが、四一二年にも再び人質を高句麗に送っている。

当時の新羅は地政的に見て不利な状況であった。北方には強い影響力を及ぼしてくる高句麗、西方には高句麗と相対する百済が存在していた。中国との外交は地理的に高句麗や百済を介さねばならず、国制の整備もままならない。さらに南方には、加耶との強固なつながりを利用しながら干渉してくる倭国もいた。

新羅と倭国の関係は、三六四年に倭兵が押し寄せて撃退したこと、三九三年に倭人が金《きん》城《じょう》を囲むも破れず撤退したところを新羅の奈勿尼師今《なこつにしきん》が追撃したことが記されている。四世紀後半の倭国と新羅の関係は対立や衝突を基調としていたらしい。それは高句麗の掣肘《せいちゅう》を受けていた新羅と、百済との同盟を基調とした倭国による代理戦争といえるかもしれない。

倭国の渡海——辛卯年条の実相

倭国との関係について、広開土王碑ではどのように記しているだろうか。碑文のなかでもっとも著名であり、かつ同時に多くの議論を巻き起こしてきた一文がある。

百残・新羅はもともと高句麗に従属する民であり代々朝貢していた。ところが倭が辛卯《しんぼう》年に到来し、海を渡って百残を破り、東には新羅を□し、それによって臣民とした。

文面からは、高句麗に従属していた属民だった百残（百済）や新羅に辛卯年（三九一年）

に倭国が襲来し、両国を臣民としたという内容が語られている。

戦前には日本が朝鮮半島南部を支配していたことの証として捉えられ、植民地支配に利用された。戦後は日本軍の参謀本部が石碑に石灰を塗り、日本の都合のよい内容に碑文を改竄《かいざん》したという説（李進熙）が提示され、碑文の信頼性そのものが疑われた。ただし、現在では石碑への石灰の塗布は、刻まれた字を読み取りやすくするための拓本職人によるものであることが明らかとなり、それ以前に取られた原石拓本の研究も進んでいる。

この文章をめぐって近代以降激論が交わされてきた。戦前の倭国の支配という認識を批判して「海を渡りて」の主語を倭国ではなく高句麗と読み替えて、高句麗が百済や新羅を服属させたことを記しているという理解が提案されたりもした。

しかしこの一文は、武田幸男がいうように、その後の文章で高句麗が倭国を撃破する前置きの役割を果たしている。無理に主語を差し入れたりする必要はない。すなわち、倭国は三九一年に朝鮮半島で軍事力を展開していたのである。

そこで問題となるのが、三九一年以前に高句麗が百済・新羅を属民としていたのか、逆にそれ以降倭国の臣民となったのか、である。

新羅をめぐる高句麗と倭国についてもう一度確認しよう。よくよく碑文を見ると、三九一年の倭国の侵略に対して三九六年に百済を攻撃したと記している。新羅がどのようになったのかは記されておらず、文面上は倭国が臣民としたままである。

ところが、三九二年に高句麗が新羅から人質を取っている。これまで述べてきたように、三九一年までの時点ですでに強い影響力を及ぼすようになっていた。広開土王が即位すると、人質というかたちでさらに強力に新羅に対して制約を加えるようになったのであり、倭国が新羅を臣民とした事実はないといわざるを得ない。

百済についても、三九一年の前置きをふまえて広開土王は三九六年に百済を攻めて従属させたことを記している。百済を臣民とした倭国と戦うのではなく、百済と戦っているのである。しかも百済を臣民とさせたはずの倭国は、このくだりでまったく出てこない。そもそも百済が三九一年以前に高句麗との抗争で属民化したという事実は認められない。むしろ故国原王を敗死させるなど互角以上の戦いをしている。

さらに碑文では百済について、あえて国名を「百残」と呼び変えている。「残」は悪という意味であり、故国原王を戦死せしめた百済に対する憎しみが強く表に出ている。百済は一貫して高句麗の敵であり、また倭国の規制下にあったわけではない。

要するに、三九一年に百済と新羅が倭国の臣民となった事実は認められない。百済についてはそれ以前に高句麗の属民でもなかった。それではこの一文はいったい何なのか。それは碑が立てられた四一四年の高句麗の立場から考える必要がある。

高句麗からすると、広開土王の治世は半島南部への圧力を強める過程であった。その目的は、具体的には新羅や百済を自己の勢力圏内に従属させることである。それを正当化するためには、もともと新羅や百済が高句麗に従っていたとするのがもっともよい。それが倭国によって臣民化されたために広開土王が取り戻すというステップを語ることで、高句麗が朝鮮半島南部を支配することの正しさを主張するのである（武田幸男、李成市）。

広開土王の半島南部への勢力拡張に対して、倭国は必ず姿を見せた。百済と外交関係を樹立し、加耶地域と強く結びつき、新羅に圧力をかけてくる。しかし、海の向こうでその実体ははっきりとしない不気味な存在であった。

広開土王碑文における倭国の記述は高句麗の動向の写し鏡である。高句麗が半島南部への軍事攻勢を強めれば強めるだけ、倭国は多く登場しその姿も大きくなったのである。

騎兵の衝撃――高句麗との戦い

倭国と高句麗の戦闘には二つのパターンがある。

一つが陸戦である。四〇〇年に新羅に侵攻した倭軍に対し、歩騎五万を派兵したという。倭軍は退却を試みたが、高句麗軍は急追してこれを蹴散《けち》らした。突進力と破壊力を具《そな》えた騎馬軍との戦闘は、倭軍にとって初めての経験であった。倭軍はなす術《すべ》なく騎馬軍の恐ろしさを味わった。

倭国にとって高句麗との武力衝突は未知との遭遇でもあった。それは馬である。もともと馬は日本列島にはいない。『魏志』倭人伝には「牛・馬・虎・豹《ひょう》・羊・鵲《かささぎ》無し」と記している。馬はユーラシア大陸のステップと呼ばれる草原地帯に生息し、紀元前二〇〇〇年紀初めに家畜化に成功して広がっていった。

碑文には広開土王の勝利が高らかに記されている。倭軍の惨敗は、もちろん王の顕彰という側面もあるが、事実として受け止めてよいだろう。それは当時の高度な兵器としての馬に対応できなかったゆえの必然的な結果でもあった。

戦闘のもう一つは海戦である。碑文には四〇四年に倭軍が帯方郡沖まで侵入したと記す。これは百済沿岸部を通って船で北上したと考えられ、その戦闘は船での戦いであった。船での高句麗への侵攻は、騎馬を恐れるがゆえの倭軍の行動であったのかもしれない。

騎馬との遭遇は、倭国への馬の導入を促すことへとつながった。五世紀になると東日本における馬の飼育が確認できる。長野県飯田《いいだ》では宮垣外《みやがいと》遺跡から馬の全身の骨が見つかっている。群馬県では甘楽《かんら》郡の西大山《にしおおやま》遺跡一号墳から馬具が出土した。甘楽郡はカラを地名の由来とする地域であり、渡来人の多いことで知られる。また、六世紀になるが群馬県渋川市の白《しろ》井《い》遺跡群で蹄《ひづめ》の痕跡が見つかっており、馬の飼育が予想される。馬の殉葬など日本列島には

0-6　攻城図（三室塚）

ない習俗も確認されており、渡来人が行った習俗であろう。

馬が日本に伝えられたとして、それは単に動物としての馬のみがもたらされたわけではない。そもそも野生の馬は気性が荒く、飼い馴らすのは難しい。家畜として育てるノウハウも一つの技術であった。また、馬を乗りこなすにあたっては馬具を用いる。鞍《くら》、鐙《あぶみ》、羈《おもがい》、轡《くつわ》、蹄鉄《ていてつ》、銜《はみ》などさまざまな道具が必要となる。

倭の五王の時代に馬が倭国に導入されていたことは確実である。それは馬と育成技術と馬具がセットで成り立っていたのであり、先進技術の固まりであった。渡来人がそれを列島に持ち込んだのである。その契機は高句麗との戦争であった。いつの時代でも戦争は技術革新をもたらすのである。

さて、四一二年一〇月、広開土王は没した。享年三九。当時にしてもまだ若い死である。東アジアを席巻した高句麗王は、多様な民族が存在していた東アジアに変化をもたらした。そして、高句麗、百済、そして倭国という三つの大きな政治的パワーの鼎立を促した。それは倭の五王が登場する前奏でもあった。

第1章　讃の使節派遣——一五〇年ぶりの対中外交

倭の五王の時代とは、倭国が中国との外交によって東アジアの国際関係に積極的に関与した時代である。これ以前に倭国が中国に使節を送ったのは西晋《せいしん》の二六六年のことであり、邪馬台国による遣使を最後に中国との外交は途絶えていた。四世紀、中国の前には倭国はまったく姿を現さなかったのである。

ところが五世紀に入って五王が再び宋《そう》に遣使するようになる。そこにはどのような背景があったのか。本章ではその経緯を探り、倭国と東アジアの関係を浮き彫りにしてみたい。

1　高句麗による倭国偽使——東晋の滅亡、宋の建国

高句麗・倭国の使節派遣

四一三年に高句麗《こうくり》の広開土王《こうかいどおう》の後を継いだ新王の名は巨連《きょれん》という。その在位は四九一年まで七九年に及び、死後長寿王《ちょうじゅおう》と呼ばれた。長寿王が即位したその年、東アジアで外交上の

大きな動きがあった。

それまで中国北方との外交に腐心していた高句麗が、江南の東晋《とうしん》に使節を派遣したのである。高句麗が南の中国王朝と外交するのは三四三年の朝貢以来、実に七〇年ぶりのことであった。そこには何らかの新たなねらいが含まれていたと考えるべきであろう。東アジアの情勢は中国を巻き込んで動きつつあった。

それとともにもう一つ注目すべき点がある。この年、倭国も東晋に外交使節を派遣したという記録がある。倭国の中国との外交は、ほぼ一五〇年ぶりとなる。四世紀に中国との外交に対して沈黙を守ってきた倭国があらためて対中国外交に動いたことになる。

この二つが事実であれば、この前後で東アジアに状況の変化があったと考えられる。特に高句麗と倭国の二国が同じ年に同じ東晋という王朝に到来した意味をどう考えたらいいのか。その受け止め方によって理解がまったく異なってくる。

二国の朝貢を記す『晋書《しんじょ》』安帝本紀《あんていほんぎ》・義熙《ぎき》九年条は次のように記している。


この年、高句麗・倭夷《わい》及び西南夷《せいなんい》・銅頭大師《どうとうたいし》が貢物《こうもつ》を献じた。

これのみでは義熙九年（四一三）に高句麗や倭国が貢物を持って到来したことしかわから

ない。ところが、これを補う『義熙起居注《ぎききょちゅう》』という史料がある。

起居注とは皇帝の日常の動静の記録であり、そのなかには政務内容も含まれる。これが歴史書を編纂する際の基礎資料となるのであり、その皇帝が死去すると皇帝の一代記として実録が作られる。そして、王朝が滅亡すると、歴代の実録やその他の資料に基づいて史書が完成するという手順を経る。史書は皇帝の年代記としての本紀、人物や外国の事績を記す列伝などから構成される。それゆえ外国の到来などの記録は本紀と列伝のどちらか、あるいは両方にまたがって掲載されることになる。

『義熙起居注』の「義熙」とは東晋安帝（在位三九七〜四一九）のときの年号であり、四〇五年から四一九年にあたる。この書は義熙年間の起居注であり、『晋書』を編集する際に利用された史料の一つであると考えられる。

さて、その『義熙起居注』には次のようにある。

倭国が貂皮《ちょうひ》・人参《にんじん》等を献じた。安帝は詔《みことのり》して細笙《さいしょう》・麝香《じゃこう》を賜《たまわ》った。

『義熙起居注』自体はすでに失われており、一〇世紀に成立した『太平御覧《たいへいぎょらん》』という書にその断片が引用されているにすぎない。右もそうした逸文《いつぶん》（断片的に残された文章）の一つである。

ここでは倭国がテンの毛皮とニンジンを献上したとする。テンは北海道から朝鮮半島北部・シベリア、さらにロシアに生息範囲が広がっている。特に最高級として珍重されるのがクロテンであった。ニンジンは薬用の珍品として扱われた朝鮮人参を指す。その原生は朝鮮半島からロシア沿海州にかけてである。いずれも日本列島の原産とは考えにくい品であり、逆に高句麗はその産地としてきわめて理解しやすい。

倭国来貢をめぐる三つの説

従来、倭の五王の登場は『宋書《そうじょ》』倭国伝に基づき、四二一年の讃の遣使を始まりと考えてきた。ところが倭の五王研究の進展のなかで、近年では『梁書《りょうしょ》』に基づき四一三年の賛《さん》(讃)の遣使を史実として認める傾向もある。五世紀を通じて中国に外交使節を積極的に派遣した倭の五王が最初に東アジアに登場したのはいつか。現時点ではこうした基本的な認識自体、意見が分かれている。

では、『義熙起居注』に記される倭国の朝貢は高句麗と強い関連が想像されるが、それをどのように理解したらいいのだろうか。

これまでの研究では、おおむね三つの見解に分かれている。

第一に、高句麗と倭国が連れ立って東晋に使節を派遣した、共同入貢説という考え方である。『義熙起居注』によれば、倭国は東晋から細笙（管楽器の一種）を賜ったが、その別名を「和」とも称することから「倭」への下賜品《かしひん》として関連づけられたと理解する（池田温）。

また、共同入貢説の根拠として、『日本書紀』の記述も挙げられる。応神天皇《おうじん》の時代に阿《あ》知使主《ちのおみ》と都加使主《つかのおみ》が「呉《ご》」に赴くときに高句麗に道案内を乞《こ》い、高句麗の先導によって「呉」に至ったとする記事である。「呉」とは中国の江南地域を意味し、中国南方との交通に高句麗が介在し共同で赴いたことが記されている。この記述が四一三年の共同派遣の記録を反映していると考えるものである。

第二に、このときの倭国使は高句麗が仕立てたものであり、倭国は外交使節を派遣していないとする考えである。この倭国使は、高句麗が戦争捕虜を外交使節としての体裁を整えて高句麗の物産を持たせたとするものであり、倭人捕虜説といえる。テンの毛皮やニンジンの献上を整合的に説明する解釈である（坂元義種）。

第三に、東晋から下賜された細笙・麝香は仏教儀式で用いられるものと理解する。当時仏教は高句麗ではすでに受容されていたが、倭国にはまだ伝わっていない。東晋が細笙などを与えたのは高句麗に対してであり、倭国に授けたというのは誤記であったとする史料誤引説（石井正敏）である。この場合はそもそも東晋に倭国人は到来せず、四一三年には高句麗使のみが来たことになる。

それではいずれの理解が妥当だろうか。

共同入貢説では倭国は四一三年から対中国外交を開始したことになる。これに対して倭人捕虜説と史料誤引説では四一三年の派遣は高句麗によるものであり、倭国は東晋との関係を構築していない。倭国がどのような国際情勢に基づいて東アジアの国際世界に参入したのか評価がまったく変わってくることになる。

『梁書』倭伝のなかの「賛」

結論を述べる前に、四一三年の倭国遣使と関連するもう一つの史料を見ておきたい。『梁《りょう》書《しょ》』倭伝である。それによると邪馬台国の台与《とよ》の使節派遣以後の経緯について次のように述べている。

その後、また男王を立てて中国の冊封と官爵《かんしゃく》を授かった。晋安帝のときに、倭王賛がいた。

東晋安帝の時代に初めて「賛」（讃）が登場したとする。安帝のときの倭国使の到来は四一三年しかない。『梁書』では四一三年の遣使を倭の五王の外交の始まりとして位置づけている。『梁書』の四一三年の倭国使の記述がそのまま倭の五王の問題に影響を及ぼしている。

では『梁書』の記述は史実として認めていいのか。

四一三年の倭国朝貢を賛（讃）が使節を派遣したものとして明記する史料は『梁書』倭伝と、南朝の歴史をまとめた『南史《なんし》』倭国伝である。ただし、『南史』は『梁書』の文章をほぼ焼き直したものである。賛（讃）の遣使とするのは実質的には『梁書』のみということになる。そこで『梁書』倭伝の内容の信頼性が問題となる。

『梁書』は、六二九年に姚思廉《ようしれん》という唐代の官僚が父の遺志を継いで完成させた史書である。その特徴は、当時一般的だった美文《びぶん》という形式的な文体を改め、古文という文体で記したことである。すなわち、姚思廉は『梁書』の編集にあたって原史料をそのまま引用するのではなく、かなり手を入れている。一見すると独自の記事のように見える部分も、実のところ姚思廉が複数の原史料に整合性を持たせるために書き改めた可能性が高い。

要するに『梁書』の東晋安帝のときに賛（讃）が使者を派遣してきたとする記述は、『宋書』が四二一年に讃が遣使してきたと記していることから、誰が派遣したのか不明瞭な四一三年の遣使について、派遣した王を姚思廉が同一人物と決めつけてしまったことによって生じたものと推測される。

したがって、『梁書』を根拠に四一三年の派遣が五王の最初である讃によるものと断定することはできない。

四一三年の偽使のねらいと影響

話を戻す。高句麗が東晋との外交を意図したのは、カリスマ的な広開土王の死去という状況のなかで、新王である長寿王がそれまでとは異なる新たな外交関係を樹立することで自らの権威を国内外に示そうとしたものであろう。ただしその背景には、この時期に華北の遼西《せい》に割拠していた北燕《ほくえん》という王朝の動向も考えておかねばならない。

北燕は四〇七年に高句麗人の子孫である高雲《こううん》が建国した国である。ところが高雲は四〇九年に家臣の反乱によって殺害されてしまい、それを鎮圧した漢族の馮跋《ふうばつ》がトップとなる。高句麗系の政権で利害をともにしやすかった北燕が非高句麗系に転換したことによって、高句麗が神経をとがらせていたことが推測できる。長寿王は東晋と外交関係を結ぶことによって北燕との対立というリスクへの対策を取ったといえる。

それでは四一三年の倭国使はどのように捉えるべきか。

長寿王の父である広開土王との熾烈《しれつ》な抗争をふまえると、倭国がこの時期に高句麗とともに東晋に外交使節を派遣する動機が見当たらない。第一の共同入貢説はそこに大きな難がある。すなわち四一三年に倭国使については、外交使節としての実体はなかったと見なす第二の倭人捕虜説か第三の史料誤引説が穏当であろう。

ここで思い返したいのが、序章で触れた高句麗の重訳《ちょうやく》外交である。高句麗は前秦との外交で周辺国である新羅《しらぎ》を連れていくことによって円滑な外交関係の構築と大国としての威信の誇示の両立を図った。

七〇年ぶりとなる四一三年の高句麗の東晋への遣使も、東晋に好印象を持たせ、かつ高句麗が敵と認定した倭国を連行したように見せかけることで、高句麗が東アジアの大国であることを認識させる目的があったと考えられる。それゆえ、高句麗が献上品を準備し、東晋に対して倭国使を捏造《ねつぞう》し、それを通して細笙・麝香を授かったのであろう。そうであるとすれば、これらの賜物も高句麗が東晋に求めた可能性も考えられよう。

高句麗のねらいは的中した。長寿王は使持節《しじせつ》・都督営州《ととくえいしゅう》諸軍事・征東将軍・高句驪《こうくり》王・楽浪公《らくろうこう》に任命されるという成果を東晋から引き出した。東晋にとって高句麗と外交関係を結んでおくことは、来るべき華北諸王朝との対決局面で役に立つという判断もあったであろう。長寿王の派遣はそれを見越したうえであり、熾烈な国際関係を生き抜いてきた高句麗のしたたかさを見て取ることができる。

ただし、四一三年の偽使の影響はそれにとどまらなかった。高句麗の外交は中国南朝に倭国の存在を再認識させるきっかけとなったからである。倭国は実際に外交を開始する前に、高句麗を通じて図らずも東アジアの国際社会に現れることになった。このことは史料からも確認できる。

歴代中国王朝は倭を朝鮮半島の海の向こう側として捉えていた。『後漢書』倭伝には「韓の東南の大海中」、『魏志』倭人伝や『晋書』倭人伝には「帯方《たいほう》の東南の大海中」とある。ところが、『宋書』倭国伝には倭国の位置について「高驪《こうらい》〔高句麗〕東南の大海の中にある」と述べる。これは宋が高句麗を起点にして倭国の位置を把握していたことの表れであり、四一三年の重訳に見せかけた偽使によって形成された地理観であった。

百済の東晋朝貢

ところで、高句麗が東アジアに新たな行動を取っていた同じ時期に、高句麗と敵対していた百済《くだら》はいかなる情勢であったのか。その動静についても触れておこう。

東晋との関係は、三七二年の近肖古王《きんしょうこおう》の外交成立以来、数回の遣使が確認できる。ただし、その息子の近仇首王《きんきゅうしゅおう》は三七九年に派遣しようとしたところ、悪風のために使節がたどり着かず目的を達しなかった。その後は大きな問題もなく、三八四年（枕流王《ちんりゅうおう》元年）、三八六年（辰斯王《しんしおう》二年）、四〇六年（腆支王《てんしおう》二年）に派遣している。これらの遣使を見ると、一つのパターンがあることに気付く。

歴代の百済王は新たに即位したときに、間を置かずに東晋に使節を送っているのである。それは代替わりに際して東晋にそれを報告し、その承認を受けて冊封されることを目的としていたからである。外交で相手の君主が誰であるか知っておくのはもっとも基本的なことである。冊封関係のなかでは冊封を受ける側の百済は東晋に王の交代を知らせる義務があった。

同じ時期、百済は倭国との関係も密接であった。広開土王碑によると三九六年に広開土王は百済に攻勢をしかけ、百済は大敗を喫した。当時の百済国王阿莘王《あしんおう》の弟や大臣一〇人が高句麗に連行された。百済の屈辱は推察するにあまりあるだろう。

こうした状況下で阿莘王の採った政策は、倭国との同盟強化であった。王子の腆支を人質として倭国に派遣している。倭国もそうした百済の外交に対して応えるべく積極的な軍事的支援に乗り出す。広開土王からすると、それが半島南下を邪魔する黒幕のように映ったであろう。

1-1　梁職貢図 百済国使

人質――古代東アジアでの価値

高句麗の南下という情勢のなかで、倭国は百済だけではなく、新羅からも人質を取っていたという伝承を持つ。人質というと小国が裏切らないようにするために、強国が小国から進上させるイメージが強い。先述の、新羅が高句麗に出した人質のように、当てはまるケースもある。しかし、古代東アジアの人質はそれだけで捉えるべきではない。

たとえば中国の戦国時代、秦《しん》に異人《いじん》という名の王族がいた。彼は当時の秦の太子安国君《あんこくくん》の子であったが、趙《ちょう》に人質として派遣されている。当時は秦がいわゆる戦国の七雄のなかでも政治改革に成功し、他の六国よりも強国として突出し始めていた。異人が趙に派遣された理由の一つに母の身分が低いこともあったが、だからといって秦が趙より弱かったわけではない。人質とは国の強弱に左右されることもあるが、外交上の儀礼のようなものであった。なお、異人は父の安国君が即位すると子楚《しそ》と名を改め、さらにその後を継いで前二五〇年に即位した。荘襄王《そうじょうおう》という。始皇帝の父である。

もう一つ例を挙げておこう。時代が下って七世紀のことである。六四七年に新羅から倭国に一人の王族が派遣されてきた。名を金春秋《きんしゅんじゅう》という。『日本書紀』では彼のことを「質」と記している。しかし、その活動はおよそ人質というには似つかわしくない。

倭国への来朝に先立つ六四二年に金春秋は高句麗に赴いて百済挟撃を持ちかけるが、高句麗の権臣泉蓋蘇文《せんがいそぶん》に拒絶されている。金春秋は次の方策として、倭国との外交のために「質」として到来したのである。ところが翌六四八年には唐《とう》に姿を現し、当時の皇帝太宗《たいそう》に百済との戦争の許可をとっている。このような金春秋の行動は外交官であり、大国に従属するために拘束される人質の姿ではない。

これらのケースから見えてくるのは、古代東アジアでの人質は必ずしも国家間の強弱のなかで弱小国が大国に差し出すようなものばかりではなかったことである。他国に人質として赴いた人物は両国のパイプ役的な役割を期待されていた。逆にいえば、その人物は両国の関係を重視する立場になりやすい。腆支にもそれは当てはまるのである。

腆支王の対倭国・高句麗外交

四〇五年に百済の阿莘王が亡くなった。その在位は広開土王と重なり、その侵攻に苦慮し続けた生涯だったといってよいだろう。長子の腆支《てんし》は倭国でその報に接した。帰国までの間、百済国内では次弟の訓解《くんかい》が政治を代行して腆支を待っていた。ところが、末弟の碟礼《せつれい》が訓解を殺して自ら王に即位するというクーデターが起こる。倭国は一〇〇人の護衛をつけて腆支を百済に送った。腆支は入国直前に海島で碟礼が反対派に殺されるのを待ってから帰国を果たした。

腆支からすれば倭国は即位に協力してくれた国であり、自らも長期の滞在で倭国に太い人脈を築いていた。実際、広開土王碑には碑文剝落のためはっきりしないが四〇七年に某国と合戦したことが記されており、これが百済のことではないかと推定されている。腆支王は即位直後から高句麗との対決を政治的課題として意識せざるを得なかった。そのために前王が苦しみ続けた広開土王と対決するにあたって倭国との協同は不可欠と考えたことであろう。

両国の関係が良好であったことは、四〇九年に倭国から百済に夜明珠《やめいじゅ》が、四一八年には百済から倭国に白綿《はくめん》が贈られた記録からもうかがえる。夜明珠とは蓄光して暗闇でも光を発する蛍石《ほたるいし》と呼ばれる稀少石《きしょうせき》である。中国雲南から稀《まれ》に見つかるが、倭国で発見された事例はない。倭国では邪馬台国の時代から真珠が特産品として知られており、卑弥呼の死後、台与が魏に白珠（真珠）五〇〇〇を贈っている。百済に夜明珠を贈ったというのも真珠の誤りであろう。

百済から贈られた白綿は、蚕《かいこ》の繭《まゆ》を煮沸して引き伸ばしたまわたであり、養蚕技術と関わる。養蚕は、古墳時代の技術革新の一つだが、弥生時代には絹の製法が伝わっており、腆支王が初めてその技術をもたらしたわけではない。いずれにせよ、そのような高級製品を倭国に贈ることによって倭国における養蚕技術・絹織に対する意識が高まったことは認められるであろう。

さて、腆支王の外交は倭国との友好関係だけではなかった。四一六年に東晋から使持節・都督百済諸軍事・鎮東将軍・百済王に叙任された。このときの叙任は三七二年以来の百済の外交スタイルと異なる点が目立つ。特に叙任が王の交代直後に行われたものではないことである。百済はそれまで王が交代するとすぐに冊封を受けており、腆支王も即位直後の四〇六年に使節を派遣しているがそのときには冊封されなかった。その理由は不明である。

四一六年にようやく東晋から冊封の使者が派遣されてきた。このときは腆支王は東晋に遣使しておらず、東晋からのアプローチであった。『梁書』には餘映《よえい》（腆支王）が義熙《ぎき》年間に生口《せいこう》（奴隷）を献上したことが記されているが、これは即位直後の四〇六年のことであろう。東晋としては四一三年の高句麗来朝によって半島を含めた華北包囲網の有効性を再認識したのかもしれない。このように五世紀初頭の東アジアは東晋の国際秩序のなかでにわかにクローズアップされていた。

東晋の滅亡と宋の建国

しかし、この頃の東晋という王朝の命脈はすでに風前の灯火《ともしび》であった。東晋は四〇三年に権力者桓玄《かんげん》の強要によって一度は滅びたが、将軍劉裕《りゅうゆう》のクーデターによって桓玄が殺害され復活する。劉裕は軍事的才能を発揮し、四一〇年には山東半島の南燕を滅ぼしている。

外から見ると東晋は領域を拡大しており、高句麗が接近を図ったのもこうした状況が関係しているのであろう。しかし、その実態は劉裕が実権を掌握していた。

四一七年には後秦を滅ぼして長安《ちょうあん》を奪回し、東晋貴族たちにとってその悲願である洛陽《らくよう》帰還が現実性を帯びてきた。劉裕に対する期待は高まり、劉裕も帝位への野望を明確にする。そして安帝を殺害し、自らが即位させた東晋最後の皇帝恭帝《きょうてい》から四二〇年に禅譲を受けて皇帝に即位した。東晋はついに滅亡し、ここに宋が建国された。

武帝《ぶてい》劉裕は即位の翌月に人事を行った。そのなかには朝鮮半島に関わるものもあった。征東将軍高句驪王高璉（巨連、長寿王）を征東大将軍に、鎮東将軍百済王扶餘映（腆支王）を鎮東大将軍に昇格させたのである。

この将軍人事は、他に徐州《じょしゅう》（山東半島）や雍州《ようしゅう》（長安周辺）の刺史《しし》（長官）が対北方関連で任命されており、現実の宋の勢力範囲を反映している。そのなかに高句麗と百済が含まれているのである。

これまでは坂元義種が論じたように、高句麗や百済の昇格は新王朝成立における記念と来朝を促す目的でなされたと考えられてきた。もちろんそうした面は認めるべきであるが、この人事を見る限り高句麗や百済は単なる外国ではなく宋国内の将軍と同列に扱われており、宋が軍事的に両国に期待していた様子がうかがえる。

東晋の滅亡と同じ四二〇年、百済の腆支王も亡くなった。東晋の衰亡と歩みを共にするかのような死であった。

2　四二一年、讃による宋への外交開始

倭国の到来——宋の歓迎の背景

宋の建国に反応するかのように、ついに倭国が動き出す。東アジアの国際関係の場に讃が登場するのである。四二一年、宋の武帝は倭国に対して次のような詔《みことのり》を発した。

倭讃は万里の遠くから貢物を修めた。その真心を褒めたたえるべきである。よって官爵を授ける。

（『宋書』倭国伝）

この詔から倭国の使節が実際に宋に到来したこと、その王は倭讃と名乗ったこと、貢物献上に対して官爵を授かったことがわかる。中華思想では、外国使節の到来は皇帝の徳が外国まで及んでいることの証とされる。宋からすれば王朝を開いた直後にそれまで派遣してこなかった外国の使節が来たことは、武帝が東晋に代わって新たに宋を建国した正当性を示すも

のとして歓迎された。

実際、宋の帝室である劉氏には弱みがあった。劉裕は将軍から皇帝（武帝）になったが、その父は下級役人であり貴族の出自ではない。三一六年に西晋が滅んだ際に多くの貴族が亡命してきた東晋は、彼らが強い政治力を持つ貴族制社会であった。劉裕はその軍事的有能さから皇帝に即位したが、貴族たちからは出身身分と軍人上がりということから侮られることもあり、そこには深い溝があった。

有名な話がある。宋の三代目皇帝、文帝《ぶんてい》が寵臣《ちょうしん》に「士人《しじん》（貴族）になりたければ名門貴族のところへ行き、皇帝の命令と称して座につけ」といった。しかし、貴族は寵臣に対して扇子を振ってお前の座る場所はそこではないといって拒否した。そのことを皇帝に伝えると、皇帝は「それではどうすることもできない」といって沙汰止みになった（『宋書』蔡廓《さいかく》伝）。この話の意味するところは、皇帝の力さえ及ばない当時の貴族の力の強さである。それほど貴族たちの特権意識はきわめて強固であった。

武帝は皇帝として即位した当初から、そうした貴族たちの特権意識と向き合わなければならなかった。高句麗や百済に対して官爵を昇進させたのも軍事的期待とともに、早くに使節を派遣させることで皇帝としての立場を強化したい思いがあっただろう。そこに倭国が到来したのである。武帝が皇帝としての正当性を強化できる出来事として意を強くしたことは想像に難くない。

讃はなぜ四二一年に遣使したのか

では、宋へ遣使した讃の目論見《もくろみ》は何だったのだろうか。

倭国が派遣したこの四二一年は、宋が東晋からの禅譲を受けて建国して二年目にあたり、倭の五王の登場は宋王朝の建国とほぼ同時となる。なぜ讃は突如中国の国際秩序に参入してきたのであろうか。

この頃の東アジア情勢を見ると、四二一年の時点で高句麗は長寿王が在位している。百済は親倭国的政策を堅持していた腆支王が前年に亡くなった直後であり、息子の久尓辛王《くにしんおう》（在位四二〇～四二七）が新たに即位した。この王は在位八年の間で目立った記録がない。広開土王の時代には高句麗に従属していた新羅は、四一七年に訥祇麻立干《とつぎまりつかん》が実聖尼師今《じっせいにしきん》を殺害して王位に即《つ》いたものの高句麗の影響を強く受けざるを得ず、高句麗重視の外交を展開していた。

讃が派遣した時点で倭国と朝鮮諸国の関係は、大きく変わってはいない。そうであるならば讃の東アジア参入は中国が変動要因として関わっていると見なすべきであろう。やはり宋が高句麗や百済との関係強化に動いたことに刺激を受けたと考えるのが穏当である。

朝鮮半島の鉄資源を不可欠とする倭国にとって朝鮮半島諸国の高句麗や百済の動向は常に注視するところであり、両国が東晋から官爵を授かり、さらに宋建国の際にもその地位を着実に上昇させたことに対して傍観していられなかったのである。高句麗・百済が宋とのつながりを深めるなかで、讃は宋王朝開基という新たな国際情勢に出遅れたことを痛感していた。

百済と高句麗の王の名

讃が高句麗や百済を意識していたことは、宋に対する名乗りからも読み取れる。倭国や朝鮮諸国は中国王朝と文書で外交を展開した。その際に各国の王はその名を記したのであり、その名乗り方から当時の外交関係を読み取ることができる。

四二一年の讃に対する詔勅のなかで、宋は「倭讃」と呼びかけている。これまでの研究ではこの「倭」は国名ではなく姓であり、讃が名前にあたることが明らかにされている。それではなぜ讃は「倭」を姓として、名を「讃」の一文字で名乗ったのだろうか。

一文字の名乗りは百済からの影響である。百済王の名は中国側の記録では、近肖古王《きんしょうこおう》が「餘句《よく》」の名で冊封されている。1-2のように、その後も歴代の百済王は中国から一字姓と一字名で呼ばれていたことがわかる。名について見ておくと、三七二年の東晋との外交を樹立したときから一文字の名前としている。

1-2　百済王の名

王	中国名	朝貢年	備考
近肖古王	餘句	372	
近仇首王	須	379	東晋に達せず
枕流王	不明	384	
辰斯王	餘暉	386	
阿莘王	—	—	
腆支王	餘映	406	

それでは百済王の実名はどのような名前だったのか。『日本書紀』では、阿莘王《あしんおう》に対して即位前は「王子阿花《あか》」、即位後は「阿花王」と記す。腆支王《てんしおう》についても同様で、即位前は「王子直支《とき》」、即位後は「直支王」とする。これらの事例からすると、百済王は即位すると実名に王号を加えて「〇〇王」と名乗ったらしい。

なお、近肖古王の実名は肖古《しょうこ》であった。「近」は七代前の肖古王と区別するために後代に付されたものである。近肖古王を『古事記』は照古王《しょうこおう》、『日本書紀』は肖古王と記しており、「近」をつけて区別するようになるのは後代のことである。中国史料における「句」という名は肖古の「古」をとったものであろう。

近仇首王《きんきゅうしゅおう》も近肖古王と同様に「近」は後付けの呼称である。仇首は貴須《きす》とも書き、その名は貴須であった。中国に対して「須」と名乗るのは妥当である。ただし、辰斯王《しんしおう》の「暉《き》」はいかなる根拠に基づくのかわかっていない。

こうした一字名は中国からの呼び名ではなく、百済のほうから名乗った。それをはっきり示すのが近仇首王のケースである。『三国

1-3　高句麗王の名

王	諱	別名	中国名	朝貢年
故国原王	斯由	国罡上王	釗	343
小獣林王	丘夫	小解朱留王		
故国壌王	伊連	於只支		
広開土王	談徳		安	397頃
長寿王	巨連		高璉	413

史記』には「須」という一字名があったことが記されており、東晋に派遣した際に「餘須」と名乗ろうとしたことがうかがわれる。ところが東晋への派遣に失敗してしまい、東晋側にその名が伝わらなかったため、中国史料に「須」の名は残っていない。また、腆支王は中国史料では「映」という名が記録されているが、これは「腆」の書き誤りの可能性が高い。腆支王は名の一字をとって「腆」と名乗って東晋に朝貢したのである。このように百済では実名の一文字をとって中国向けの名前とした。特に名前の二文字目を名乗ることが多い。

それでは高句麗はどうだったか。四世紀半ばから五世紀の高句麗王の名前について整理したのが1-3である。高句麗は三一四年に、後漢末以降、魏や晋など歴代諸王朝が朝鮮半島支配の拠点としていた帯方郡を滅ぼした。それによって中国も高句麗に注目するようになり、その王名が記録される。

帯方郡を滅ぼした美川王《びせんおう》は乙弗利《いつふつり》という名であり、一字名ではない。ところが、その次の故国原王《ここくげんおう》は斯由《しゆう》という実名とともに、釗《しょう》という一字名が見える。故国原王は前燕に敗れて三四三年に臣従し冊封を受けた最初の高句麗王であり、その際に一字名を名乗ったのであろう。小獣林王《しょうじゅうりんおう》・故国壌王《ここくじょうおう》は一字名に関する記録は残念ながら確認できない。広開土王《こうかいどおう》は安（実名は談徳）、長寿王は璉《れん》（実名は巨連）という一字名を名乗ったことが確認できる。

中国への憧憬

姓についても触れておこう。百済の「餘」姓は、扶余《ふよ》族出身を標榜していたことによる。扶余とは高句麗の北方に居住していた民族であり、高句麗の出自でもある。広開土王碑には高句麗の王権について「始祖の鄒牟王《すうむおう》が建国した。その出自は北夫余である」と明記されている。

これに対して、半島南部の馬韓《ばかん》の一国である伯済《はくさい》国から成長した百済の王は、本当に扶余族出身だったか疑わしい。しかし、これを高句麗との抗争を念頭に置くと事情が見えてくる。高句麗は紀元前からすでに建国していた。これに対して百済は四世紀半ばに成立した後発の国である。四世紀半ばに高句麗南下の圧力を受けながら国を形成した百済にとって、高句麗は乗り越えるべき壁であった。それゆえ高句麗との対立のなかで対等を意識し、出自を高句麗と同じにしたのである。姓の扶餘をあえて一文字にして中国に名乗ったのも高句麗を意識してのことである。

高句麗の「高」姓は国名から直接取ったものであろう。高句麗王は四世紀半ばに中国外交で一字の姓名を名乗るようになった。それは中国の冊封体制に参入する行動と強く関連する。百済も、高句麗に対抗する目的で高句麗同様の一字の姓・名を自称した。一字の姓名は中国的な名前であると、高句麗や百済は考えたからである。

こうした考え方には中国で先例があり、前漢を滅ぼし新《しん》を建国した王莽《おうもう》が二文字の名前を中国的ではないとして禁止したケースがある。この復古的な政策はのちの時代にまで影響して一字名が増えたが、四～五世紀には形骸化して中国では再び二字名が多くなっている。しかし、二字名が中国的ではないという通念は、中国を憧憬《しょうけい》する高句麗・百済・倭国では共有された。王がそうした形式の名を持つことで、中国文化を受容して自国が高い文化レベルにあることを主張し、中国もそうした王の名乗りを受けて冊封などで一字姓名を書き記したのである。

「倭讃」の名乗りの意味

讃の一字による姓名の名乗りも、高句麗や百済の名乗り方をふまえたものだった。

高句麗は国名、百済は出自である扶餘の一字をとってそれぞれ姓とした。これに鑑《かんが》みて「倭」を姓とした。また、王名を中国に対しては一字で名乗る慣習も受容して、実名を文字化した漢字名から一字をとって「讃」としたのである。

なお、「倭讃」が倭国側からの名乗りであることは漢字の選び方からもうかがえる。「讃」は「褒《ほ》めたたえる」「明らかにする」というよい意味を持つ、いわゆる好字《こうじ》である。中国は周辺諸国を夷狄《いてき》として蔑《さげす》むので、その国名や人名に漢字を当てはめる場合はあまり好字を用いない。わかりやすいところで「邪馬台国」「卑弥呼」を挙げることができる。逆に「讃」という好字の使用からは、倭国が字を選んだことを推測できる。

さて、高句麗・百済・倭国の王はいずれも一文字の姓名を名乗っていた。そのため他の周辺国も同様の行動をとったと思うかもしれない。しかし、実態は違った。

五世紀前半における他の周辺国の中国に対する名乗りを見ておこう。たとえば四三五年に宋に朝貢した闍婆婆達国《じゃばばたつこく》の国王の名は「師梨婆達訶陀羅跋摩《しりばたつかだらばつま》」と記録されている。闍婆はマラッカ海峡東方の港市の一つであり、東南アジアの小国である。その王の名は現地語の発音を漢字に当てはめたために長々と記されている。

東アジアの事例では、四七九年に朝鮮半島の加耶地域の加羅《から》国が宋の次の王朝である南斉に遣使したが、そのときに王の名は「荷知《かち》」と記されている。一三世紀後半に成立した朝鮮史料『三国遺事』に見える大伽耶の「嘉悉王《かしつおう》」に該当すると考えられている。「荷知」＝「嘉悉」であり、王の名を一文字にしていない。

これらの例と比較すると、わざわざ王の名を一字のみで書き表すのは四世紀後半から五世紀にかけて高句麗・百済・倭国が行った特殊な名乗り方なのである。この三国が中国を意識しながら同じルールのなかで競い合ったのが五世紀の状況であり、その国際的競争に遅れて参入してきた倭国は特にそれを強く意識していたのである。

讃は何を与えられたか

讃は四二一年の遣使で宋から倭国の王として認められ、冊封を受けて官爵を賜った。ただし具体的な官爵についての史料は残されていない。『宋書』倭国伝では「官爵を授ける」とだけしか記されていない。しかし、推測は可能である。まず倭国の正統な王として認定されたことは間違いない。その点からすると、「倭国王」は確実である。

また、高句麗や百済が四二〇年に昇進したのは将軍号である。讃がそれをきっかけに使者を派遣したとするならば将軍号も強く求めただろう。それは讃が二度目に派遣した四二五年のときの使者が司馬曹達《しばそうたつ》という人物だったことからもわかる。

司馬曹達について詳しくは後述するが、司馬という官職に就いている曹達という名の人物である。司馬は将軍の幕僚として設置される官職である。司馬という官職が存在することは、讃が将軍号を授かっていたことに他ならない。その将軍号は讃以降の王が授かった将軍から考えて、安東将軍であったと見て間違いない。安東将軍とは中国の東方を鎮護する将軍の一人である。

もう一つ、百済と高句麗と比較して気になるのは、使持節・都督某諸軍事号である。これは将軍に対して与えられる権限を表したものであり、独立した官職ではない（山口正晃）。節とは皇帝の権力を象徴するものであり、都督とはこれを持つことで軍を監督することを意味する職種である。某諸軍事という職名によってどの地域の軍を監督するか示した。

先述したように百済の腆支王は、東晋から使持節・都督百済諸軍事・鎮東将軍・百済王を授かった。鎮東将軍の権限として節を保持して百済地域の軍を監督することになる。高句麗や百済が東晋から授かった官職について、讃も知っていたであろう。両国を強く意識していた倭国が同様の官爵を求めたことは容易に推測できる。

だが、讃自身はこれを求めた形跡がない。讃の後継である珍以降に、使持節・都督倭・百済・新羅・任那・秦韓・慕韓六国諸軍事号を要求するようになる。この官職については、第2章で詳しく述べたい。

倭王と倭国王——卑弥呼との違い

さて、讃は倭国王として冊封されたが、中国からの冊封は二三九年に卑弥呼が得た「親魏倭王」以来、一八二年ぶりであった。卑弥呼のときには「倭王」であった王号が、讃は「倭国王」に改められている。わずか一文字ではあるが、そこには大きな違いがある。

現在明らかにされているところでは、「王」号は中国と地理的に近くそれゆえに密接な関係にある周辺国、特に五世紀には南北朝の対立に際して軍事的協力が期待された関係国に授与された（荊木美行、金子修一）と考えられている。これに対して「国王」号は遠隔地の、通交が限られた国に授けられた。卑弥呼と讃の差についてもこの説明で理解可能である。

卑弥呼が魏と外交を行う際に窓口だったのが、朝鮮半島中西部、現在のソウル近郊に位置した、魏の東アジア政策の出先機関である帯方郡である。邪馬台国も帯方郡を交渉の窓口にしていたことは『魏志』倭人伝に「帯方東南の大海の中に在り」と記されていることからもわかる。

これに対して『宋書』倭国伝では「高驪（高句麗）東南の大海の中に在り」とする。高句麗は帯方郡を三一四年頃に滅ぼし、その地を自らのものにしている。中国が半島に直接関与する足がかりは失われ、倭国は中国の視界からいったん消え去った。

魏の時代は帯方郡を通じて半島全域と継続的な交渉があり、その先の倭との通交も十分に視野に入っていた。それに比べると宋の時代は半島における出先機関を失っている。半島との交流について高句麗・百済は一定の頻度であるものの、新羅や加耶となるともはやその視界に入らなくなっている。それは『宋書』に新羅伝や加耶伝がないことからも明らかである。倭国はさらに海の向こう側である。列島に対する感覚は、魏と宋では雲泥の差があった。

また、軍事的協力という面でも同様である。魏は倭が南方に位置していたと考えていた節がある。『魏志』倭人伝には「其の土地は大よそ会稽《かいけい》・東冶《とうや》の東にあるべし」「(物産は)儋《たん》耳《じ》・朱崖《しゅがい》のものと同じ」と記している。会稽は現在の紹興《しょうこう》近辺、儋耳・朱崖は海南島である。魏・呉・蜀《しょく》の三国はその抗争で周辺民族を利用することがあった。倭は呉を牽制するちょうどよい位置にあると見なされていたのである。

邪馬台国の所在地について、『魏志』倭人伝の記述のままだと正確な地図上では東シナ海上に位置することになってしまうことはよく知られている。それは『魏志』倭人伝に単純な誤りがあったというよりは、魏の倭に対する地理的認識が反映していたと見なすべきなのである。

そして、「親魏」という特殊な称号が授与されたのは、他には魏の西方の大月氏《だいげっし》という民族のみである。「親魏倭王」という地位は当時の倭に対して魏が軍事的利用価値を認めたことの証でもあった。

これに対して中国南朝の宋にとって、建国当初から抗争相手は華北の諸王朝である。倭国自体が高句麗のさらに先にある遠方の僻遠《へきえん》の地であるという地理的認識に加えて、一五〇年以上の時間的空白も大きかった。華北諸王朝との軍事的対決という局面で倭国の利用価値は低いと判断されたことは疑いない。そのため、宋は讃に「倭王」号ではなく、宋に対する実質的な貢献を期待しない「国王」号を授与したのである。

3 倭国王冊封の意味——将軍府の開設と府官制の導入

将軍号の持つ意味

さて、倭国王として冊封されたことは、宋から外藩《がいはん》の国として承認されたことを意味する。藩とはもともと内と外を区切る垣という意味で、外藩とは中国の周囲にあって中国を守るものと位置づけられた国である。

歴代の倭の五王は宋の外藩としての意識を持ち続けた。そのことは五王の最後である武が上表文のなかで「藩を外に作《な》し」、つまり倭国は宋を中心とする国際秩序の外縁であると述べていることからもわかる。もちろん建前ではあるが、宋から冊封を受ける以上、朝貢関係によって宋の皇帝と君臣関係を結んだ外臣《がいしん》であるという倭国の位置づけは常に五王の念頭にあった。

五王は讃から武まで一貫して宋の外臣であることを意識し続けた。それは必ずしも独立意識が低かったということを意味しない。五王たちは、いかにして宋の外臣という立場を利用して、東アジアのなかで有利な立場を築き上げるのか、という課題と向き合っていたのである。

1-4　宋における将軍号の序列（五品まで）

一品	大将軍
二品	驃騎・車騎・衛、諸大将軍
三品	征東・征南・征西・征北 鎮東・鎮南・鎮西・鎮北 中軍・鎮軍・撫軍 安東・安南・安西・安北 平東・平南・平西・平北 左・右・前・後 征虜・冠軍・輔国・龍驤
四品	左衛・右衛・驍騎・遊撃 左軍・右軍・前軍・後軍 寧朔 建威・振威・奮威・揚威・広部 建武・振武・奮武・揚武・広武
五品	積射・彊弩 鷹揚・折衝・軽車・揚烈・寧遠・材官・伏波・淩江

宋から冊封された称号は倭国王だけではない。もう一つ確実なものに、先に少し触れた安東将軍号がある。将軍号は軍を率いる権限を持っており、軍事的な官職であることはいうまでもない。しかし、この時代の中国では将軍号は単なる軍事的な官職を意味するだけではない。

三世紀の西晋の混乱以降、地方官は将軍を兼任した。軍事的緊張度の高い当時の中国社会でそれは必須であった。その後もそうした傾向は続き、東晋・宋に至るまでに将軍職は増大する。宋代にはもはや将軍は軍事的官職だけではなく、身分を示す役割も持つようになっていた。

身分を示すという点で、将軍号は中国国内だけではなく東アジア諸国でも意味を持った。各国の王に授与された将軍号は、高句麗が征東、百済が鎮東、倭国が安東である。この三者は序列上は近接しているが、征東、鎮東、安東という順序での格付けとなる。さらに高句麗と百済は大将軍として優遇された。それは宋の位置づけた現実の国際的秩序が、高句麗、百済、倭国という重要性の順序であったことを意味する。宋にとっての政治的利用価値の重要性がそのまま反映している。石井正敏が論じるように、来朝した順番に上位の将軍号を授けたという見方もあるが、宋との外交を重視する国ほど早く到来するので結局は同じことである。

倭国開府——将軍府の設置と府官制

讃は安東将軍に任命されることで重要な権限を宋から認められた。それは宋朝廷の外にあって宋のために活動する役所を設けることである。

一般に将軍府あるいは軍府という。耳慣れない用語であるが、幕府といえばわかりやすいだろう。要するに讃は安東将軍として幕府を開いたのである。一般的には日本では鎌倉幕府が最初の幕府として認知されているが、それは天皇が任命した征夷大将軍の幕府である。宋皇帝が任命した安東将軍の幕府も構造的には同じである。

1-5　東アジア諸国における府官

			高句麗	百済	倭
晋	義熙9	413	長史高翼		
宋	景平2	424	長史馬婁	長史張威	
	元嘉2	425			司馬曹達
	孝建2	455	長史董騰		
北魏	延興2	472		長史餘礼・司馬張茂	
南斉	永明8	490		長史高達・司馬楊茂・参軍会邁	
	建武2	495		長史慕遺・司馬王茂・参軍張塞	

ちなみに「幕府」とは『吾妻鏡《あづまかがみ》』に「将軍家の御居所を幕府と称す」とあるように日本では将軍の館を意味し、それが武家政権そのものを指すようになった。本書では紛らわしいので、以下は将軍府と呼ぶことにする。

将軍は将軍府のトップとして業務を執行するが、それを補佐する人々が必要となる。それゆえ讃は将軍府の設置、すなわち開府すると同時に幕僚を任命する権限も認められていた。当時、将軍府にどのような役職を置くかは細かく定められていた。具体的には、司馬・従事《じゅうじ》中郎《ちゅうろう》・参軍《さんぐん》などの役職である。こうした役職を将軍府の官僚ということで府官と呼ぶ。

四二五年に讃は再び宋に使節を派遣するが、そのときの使者として、先述のように「司馬曹達」という人物が記されている。これは府官である司馬という役職に就いている曹達ということであり、倭国で将軍府が開設され府官が任命されていたことを確認できる。

このように宋から将軍（大将軍）に任じられることで軍府を開き、その幕僚たる府官を任命するシステムを府官制という。将軍府開府と府官の任命もまた倭国の独自の行動ではない。高句麗や百済も府官を任命している。それは倭国の司馬曹達のように、両国の対中国外交における使節から判明する。整理すると前ページの1－5のようになる。

高句麗は四一三年の東晋遣使で長史高翼《ちょうしこうよく》という人物を派遣している。宋になってからも四二四年に長史馬婁《ばろう》、四五五年に長史董騰《とうとう》の名が見える。百済も四二四年の宋遣使に長史張威《ちょうい》、四七二年の北魏に長史餘礼《よれい》、南斉への二度の遣使にも長史が派遣されている。なお長史も府官である。倭国・高句麗・百済は中国との外交で府官を派遣する。それは将軍府が宋皇帝の権威のもとに設置され、宋への朝貢は将軍府からの報告という側面があったことを示している。

ただし、倭国と高句麗・百済の間に相違点があった。宋に派遣する府官が、倭国は司馬であったのに対して高句麗・百済は長史だったことである。この点について長史が文官のトップ、司馬が武官のトップであり、倭国の軍事的性質を強調する坂元義種説もある。だが高句麗・百済と倭国の間に国としての性質の差があったとは思われない。むしろそれぞれの国の王の地位と関連していた。

将軍府は司馬をトップとして府官を構成するが、さらに上位の大将軍府では長史を筆頭に司馬・従事中郎などの役職が設置されたからである。将軍と大将軍の間には厳然たる格差があったのである。そのうえで倭国・高句麗・百済はいずれも軍府のトップを派遣していた点は共通していた。

高句麗から百済・倭へ——東アジアの府官制の広がり

これと関連して、東アジア諸国が府官を設置したのは中国への外交使節としての体裁であるという考えがある。府官制が国内政治に役割を果たしていたとすると、将軍府のトップが中国に派遣されている間の政治が滞ってしまうからであり、そこで外交に特化した役職であったと見なすものである。たしかに史料のうえでは府官はほとんどが外交使節として現れる。しかし、それは中国が諸国の府官を外交使節として認識しやすいためであり、諸国の府官が外交のみを担当したとは限らない。

この問題を解く手がかりは東アジアにおける府官制の成立にある。

そもそも、東アジアで初めて府官制を導入したのは高句麗の広開土王である。広開土王自身は南朝とは外交を行っておらず、北方の五胡《ごこ》王朝との外交に取り組んでいた。そうしたなかで後燕《こうえん》の慕容宝《ぼようほう》は広開土王を平州牧《へいしゅうぼく》（長官）に任命し、遼東・帯方地域の国王として認めた。慕容宝は即位後、北魏との抗争で連敗し、高句麗の地位を認めることでその苦境からの脱却を図ろうとしたのである。

広開土王はこのときに任命された平州牧という地位に基づいて、長史・司馬・参軍を設置している。その年代は、慕容宝の在位期間から推定して、三九六年から三九八年である。このように広開土王は府官を設置したが、対中国外交で府官を派遣した記録は見えない。高句麗の外交に府官が姿を見せるようになるのは、広開土王の息子の長寿王が即位した四一三年の東晋派遣のときが初めてである。

高句麗における府官制は、広開土王在位中に州の長官が設置できる州府の府官任命として始まった。その後、長寿王が四一三年に州府の府官を東晋への外交使節として派遣する。そこには中国的な官制機構が整っていることをアピールするねらいがあったかもしれない。

東晋は長寿王を征東将軍・高句驪王に任命した。このときに高句麗は征東将軍府を設置してあらためて府官制を確立する。こうした流れを見る限り、高句麗は当初、外交のために府官を設置したわけではない。府官を外交に専従する役割と限定しないほうがよい。

高句麗の府官制導入と前後して、百済も府官制を採用した。東晋との外交で鎮東将軍・百済王に任命されて鎮東将軍府を開設し、王を頂点とする支配機構の整備を進めた。

讃もまた、百済のそうした動向を知ったうえで官爵を授かることを目指した。四二一年に使節を派遣し、安東将軍・倭国王に冊封されることでその目的を達成した。そして安東将軍府を開府し、司馬として採用した府官の曹達を外交使節として派遣したのである。

こうした流れを見ると、倭国・高句麗・百済の東アジアにおける競合は高句麗を起点としており、高句麗との対抗関係が切実な百済がそれを意識して張り合い、倭国は百済のそうした動きを模倣しながら政治的機構を整備したといえる。

司馬曹達とは何者か

ところで、府官に任命された人々はどのような階層であっただろうか。

のちの時代の幕府のことを思い浮かべると、その要職に任命されるのは将軍に次ぐ実力者というイメージが強い。安東将軍府もそのように捉えてよいのだろうか。それを考える手がかりが、唯一倭国の府官として司馬に任命された曹達である。彼はいかなる人物だったのだろうか。

曹達についてわかっているのは名前だけである。しかし、それは人物を推測するうえで大きな手がかりとなる。中国的な姓は曹、名が達である。当時の列島における人名は、稲荷山《いなりやま》鉄剣《てっけん》の「乎獲居《ヲワケ》」や江田船山大刀《えたふなやまだいとう》に見える「无利弖《ムリテ》」のように、姓を持たず名のみであり、それは二～三文字程度で書き表された。このような型に当てはまらない曹達は、外国から渡来してきた人物であっただろう。

では、曹達の出自を朝鮮半島と理解してよいのか。倭国が中国と直接的な外交関係に取り組んだのが四二一年、曹達が宋に派遣されたのが四二五年である。そうであれば、中国からではなく、朝鮮半島からやってきたと考えるほうがよい。

四～五世紀に日本列島にやってきた渡来人の、朝鮮半島でのもともとの立場はさまざまである。ただ曹達ら府官となった人物はその名前の型から中国系の人物と見なすべきである。当時の高句麗人や百済人の名前は、たとえば牟頭婁《むとうる》や賛首流《さんしゅりゅう》などであり、姓が記されていない点で中国系とは異なる。

中国系知識人たちの価値

当時の朝鮮半島には中国系の人々が多くいた（西本昌弘）。三一四年頃に高句麗が西晋の半島における出先機関である楽浪郡や帯方郡を滅ぼすが、そのとき郡に関わっていた中国系の役人や知識人すべてが晋に無事帰国できたわけではないからである。その多くは高句麗に吸収され、高句麗の支配機構の整備に利用されただろう。高句麗が府官制をもっとも早くに導入できたのには、そうした背景があった。

また、高句麗から逃れた人々は、帯方郡からそのまま南に避難すると百済に行き着くことになる。百済もまたそうした中国系の人々を国家形成に活用した。そのことは百済における府官のあり方を見ても明らかである。

両国で採用された府官の名についてもう一度、1-5を見てみると、百済の餘礼のように百済王と同じ餘姓を有して百済王族と思われる人物もいるが、多くは中国的な人名である。特に百済における四二四年の長史張威、四七二年の司馬張茂《ちょうぼう》、四九五年の参軍張塞《ちょうさい》はいずれも張姓であり、同族の可能性もある。四九五年の司馬王茂《おうぼう》も三世紀に楽浪郡に勢力を張った王氏の子孫と想定される。

そして、その先に倭国がある。四世紀から五世紀初頭は須恵器《すえき》の生産技術が伝わるなど渡来人の大量到来があったとされるが、そうした朝鮮系の渡来技術者とともに中国系の人々が倭国に来たとしても不思議ではない。彼らは朝鮮各地の権力に取り込まれながら世代を重ねた。朝鮮諸国の権力者にとって中国系知識人の持つ知識は魅力的であった。中国系の人々にとっては知識は生き残るために必須の手段であり、世代を超えて継承されていった。そうした知識を身につけながら、五世紀初頭に倭国にまで到達したのが曹達だった。

倭王権もまた中国の知識を重視した。高句麗や百済が中国系知識人を活用するなか、自国が後れを取ることに危機感を持っていたであろうし、曹達以前にも同じような人々を取り込んでいた可能性もある。朝鮮系の技術者が集団で渡来し集落を形成したのに比べて、中国系知識人は小規模で列島内でも拠点を持つことができなかった可能性が高い。

彼らは倭国の王の直属の側近として権力者と政治的に結びつくことで、自分たちの立場を確保しようとした。倭国王にとっても、中国系知識人との直接的な関係は列島の他の豪族たちに対するアドバンテージになり得るものとして歓迎された。倭国王と中国系渡来人は列島で共依存的な関係だったのである。讃と曹達は、それぞれの立場から五世紀に府官制を制度的に取り入れたといえる。

安東将軍府の意義

百済との軍事同盟によって東アジアに関わってきた倭国は、宋王朝の建国と宋から高句麗・百済への働きかけを目の当たりにした。それによっておよそ一五〇年ぶりとなる対中国外交にふみ切った。

讃は対宋外交開始という東アジアの国際世界への参入によって、倭国王・安東将軍という中国官爵を獲得した。それは中国の統治技術の粋を集めた官僚制の一端に触れるということでもあり、先進的な中国の支配システムを導入することが可能になった。

もちろん倭国が取り入れたそれは、きわめて雑駁《ざっぱく》なものであり、中国と比較できるようなものではなかっただろう。それでも将軍府という統治機構の出現は、倭国の権力機構の整備への第一歩として、日本史のなかで大きな意味を持つことになる。

第2章　珍から済へ、そして興へ――派遣の意図と王の権力

宋による讃の安東将軍《あんとうしょうぐん》・倭国王への冊封《さくほう》は、倭国が東アジアという国際舞台で高句麗《こうくり》・百済《くだら》とようやく同じ土俵に上がったことを意味する。それは緊張が増していた東アジアの国際関係を熾烈《しれつ》化させるものであった。

1　弟・珍の到来、官爵の要求――同盟国百済との競合意識

四三八年、珍の登場――安東大将軍の要望

四三八年四月、讃の弟の珍が宋に到来し、讃が死んだことを伝えてきた。珍は宋に対して、使持節《しじせつ》・都督《ととく》倭百済新羅任那秦韓慕韓六国諸軍事《みまなしんかんぼかんろっこくしょぐんじ》（以下、使持節・都督……六国諸軍事）・安東大将軍《あんとうだいしょうぐん》・倭国王に任じられたい旨を要求した。宋から冊封されることとは、宋が珍の後ろ盾になることを意味する。讃の次の王であることを宋から認められることで、珍は即位したばかりで不安定な自己の権力を確立しようと図ったのである。

ところで、「使持節・都督……六国諸軍事」の名称について倭の五王が言及したのは、珍が四三八年に要求したのが史料上確認できる最初である。ただし、史料上の初見と史実としての最初の要請・叙任は別問題である。記録には残っていなくとも要求や任命がなされた可能性はある。それでは、前王の讃は使持節・都督……六国諸軍事を授かっていたであろうか。授かっていたのであれば、珍の要求は讃の官爵に準拠しようとしたのであり、そうでなければ、なぜ珍が要求したのかが問われることになる。

『宋書』倭国伝には、珍が四三八年の遣使で「自称」してきたと記されている。「自称」は実績がない官爵を名乗るときに用いられる語句である。もし讃が任じられていたのであれば「自称」とは記さなかっただろう。結局、この要求は却下された。

珍が要求した官爵について、讃と比較してみよう。讃が保有した官爵は、安東将軍・倭国王であった。珍はそれに対してさらに上位の官爵を求めた。倭国王は措くとしても、使持節・都督……六国諸軍事と安東大将軍という讃が獲得しなかった官爵を欲したことになる。このように珍があえて讃以上の官爵を求めたのはそれなりの背景があった。

まず安東大将軍を見よう。珍は前王の讃が安東将軍にとどまったことに対して強い不満を抱いていたはずである。高句麗の征東大将軍、百済の鎮東大将軍と比べると、両国が「大」を付された将軍号であるのに対して、倭国は「大」がない。宋への遣使が両国より遅れてい

2-1　倭国の要請した「七国」

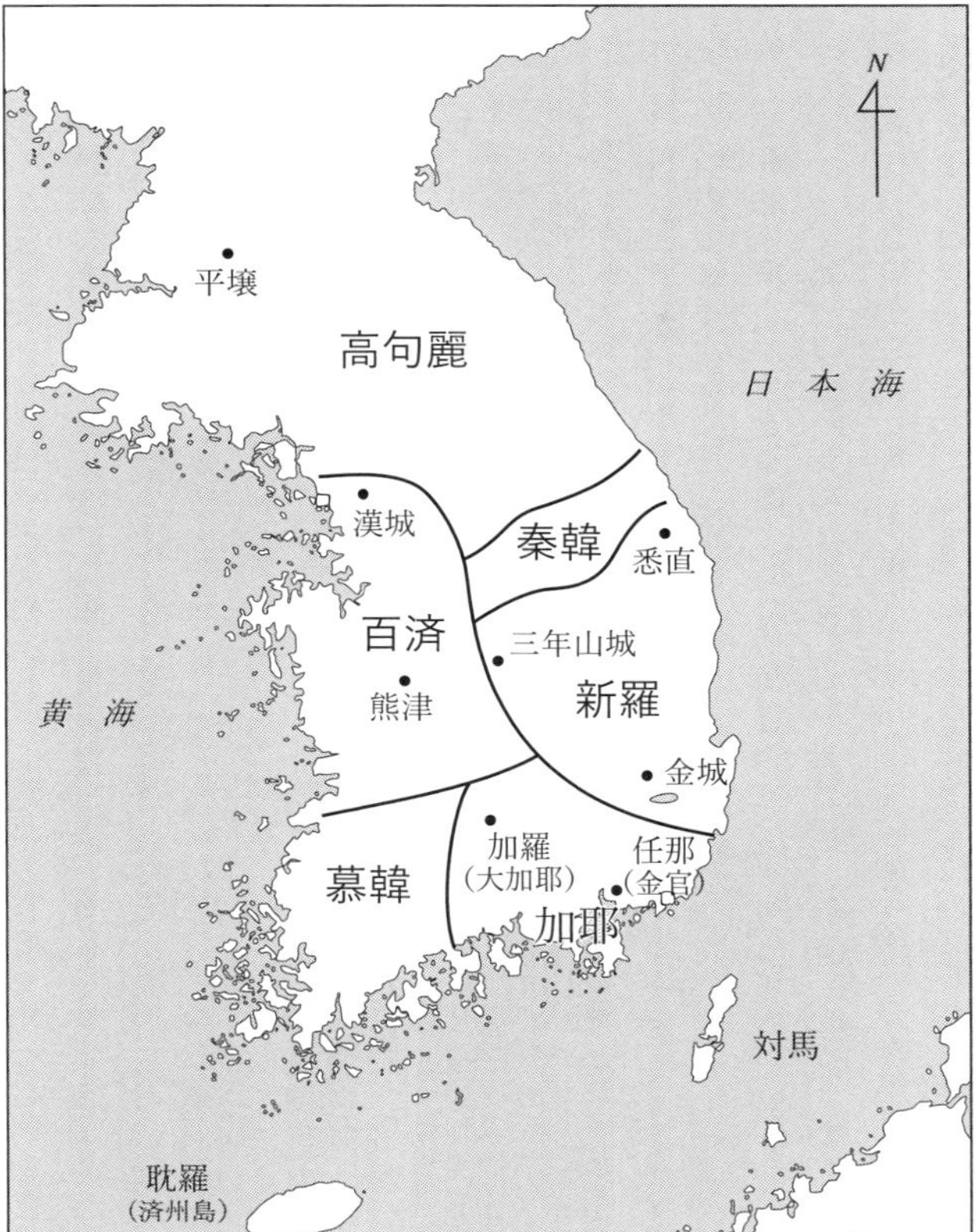

たことに焦りを覚えていた珍は、早急にそれに匹敵する官爵を持つ必要を自らの政治的課題としていたはずである。安東「大」将軍の任命要求は、それが具体的なかたちとなって表れたと考えられる。

「使持節・都督……六国諸軍事」をなぜ求めたのか

使持節・都督……六国諸軍事についても、高句麗や百済との競合関係のなかで理解できる。高句麗と百済が宋から授けられていた官爵を振り返っておこう。

珍が登場する四三八年の時点で、高句麗と百済の官爵は2－2の通りである。両国は使持節・都督……諸軍事を認められていたのに対して、讃（要求前）にはそれに対応する官爵が授けられていない。四世紀後半以来、東アジアの主導権争いのなかで、倭国は高句麗・百済の両国と同格に立つことを外交的課題としていた。対宋外交における出遅れを新しい官爵獲得によって挽回しようとしたのである。

当時、高句麗の南下阻止を目的とした倭国と百済の軍事同盟は、倭国と百済のみで成り立つものではなく、周辺の小国も巻き込むものであった。百済は慕韓（馬韓《ばかん》）に影響力を持っていた。倭国は金官加耶《きんかんかや》（任那）を筆頭とする加耶諸国と深いつながりがあった。それらの国々も同盟の一員と見なされていた。この軍事同盟で倭国はその盟主としての地位を確立し

2-2　438年前後の東アジア諸国の帯官状況

高句麗		使持節	散騎常侍	都督営平二州諸軍事	征東大将軍	高句麗王	楽浪公
百済		使持節		都督百済諸軍事	鎮東大将軍	百済王	
倭国	要求前				安東将軍	倭国王	
	要求	使持節		都督倭百済新羅任那秦韓慕韓六国諸軍事	安東大将軍	倭国王	
	任命				安東将軍	倭国王	

ようとしたのである。

加えて、倭国は新羅やその周辺の秦韓（辰韓《しんかん》）にも目をつけた。宋は新羅や秦韓の軍事指揮権を、彼らを隷属下に置いていた高句麗に授けていなかった。これは宋が高句麗に対して認めなかったというよりは、高句麗自身が要求する必要性を感じておらず、宋も叙任しなかった程度のことであっただろう。

珍はその隙《すき》を突いた。実質上高句麗の隷属下にある新羅・秦韓の軍事指揮権を宋に認めさせることによって、名目的ではあるが倭国の影響下にあるかたちを作ろうとしたのである。使持節・都督……六国諸軍事の「六国」、つまり「倭」「百済」「新羅」「任那」「秦韓」「慕韓」は、そうした背景から宋に主張したのである。

百済への対抗意識、珍の要望の〝不発〟

珍は高句麗や百済の動向を意識し、両国王が宋から授けられた官爵を念頭に置きながら官爵を要求した。特に注視したのは百済の官爵である。

この頃の高句麗長寿王の官爵は使持節・散騎常侍《さんきじょうじ》・都督営平《えいへい》二州諸軍事・征東大将軍・高句麗王・楽浪公《らくろうこう》であった。楽浪公は自国領以外に楽浪郡の故地を支配することを認められたことを意味する。宋は楽浪郡地域を名目的にはまだ中国の土地であると見なし、そのうえで実質的に支配している高句麗に楽浪公の官爵を授けることで名目と現実を調整していた。

この公爵号は百済には授けられておらず、珍もこれに類する官爵について要請していない。安東「大」将軍号や使持節・都督……六国諸軍事については執着しているが、楽浪公のような公爵号については拘泥《こうでい》していないのである。それは珍が直接的に意識していたのは百済王であり、百済王の官爵と同格であらねばならぬという意思の表れである。

珍は百済の官爵を基準に自分の任じられるべき官爵を〝算出〟した。逆にいえば同盟を結んだからこそ、授与官爵の面で百済に後れを取ってはならず、その克服が倭国の外交的課題であった。

珍は百済との競合関係を強く意識しながら叙爵を要請した。問題は、珍が要求した官爵がそのまま認められたわけではないことである。

宋は讃に授けたときの前例を踏襲し、讃と同じ官爵である安東将軍、倭国王に任命するにとどめた。珍が要求したままのかたちで宋から任じられたのは倭国王のみである。対宋外交における珍の積極的な働きかけは不発に終わった。

ただし、自らへの官爵の叙任要請が外交のすべてではない。自らのことばかり考えていては周囲の支持は取り付けられない。当時の列島は倭王権を頂点としながらも各地の豪族たちとは緩やかに政治的につながっているにすぎない状況であり、豪族たちから倭国の王としてふさわしいと承認される必要がある。この点で五世紀前半の倭王権の基盤はきわめて脆弱《ぜいじゃく》であった。この問題を解決するために、珍は百済から中国官爵のもう一つの利用法を踏襲した。

中国官爵の〝効能〟——百済の場合

そもそも東アジア諸国にとって中国官爵とはどのようなものだったのか。

百済は、国内の王族や貴族に中国官爵を任命することで自らの立場を強化した。任命状況について詳しくわかる四五八年の事例を見ておこう。

百済王餘慶《よけい》（蓋鹵王《こうろおう》）は、餘紀《よき》以下一一人の王族・貴族に対して将軍号を授けている。ただし、本来の任命権は宋皇帝にあり、百済王にその権限はない。そのため仮の将軍号として

2-3　仮授と除正（458年の百済）

名	仮授官爵			除正官爵
餘紀	行冠軍将軍	右賢王		冠軍将軍
餘昆	行征虜将軍	左賢王		征虜将軍
餘暈	行征虜将軍			征虜将軍
餘都	行輔国将軍			輔国将軍
餘乂	行輔国将軍			輔国将軍
沐衿	行龍驤将軍		→	龍驤将軍
餘爵	行龍驤将軍			龍驤将軍
餘流	行寧朔将軍			寧朔将軍
糜貴	行寧朔将軍			寧朔将軍
于西	行建武将軍			建武将軍
餘婁	行建武将軍			建武将軍

名乗らせた。これを「仮授《かじゅ》」といい、この将軍号には本来のものと区別するために「行《こう》」という字を付した。それを宋に報告し事後承諾を得るのである。百済王から「行冠軍《こうかんぐん》将軍」を仮授された餘紀の場合、それを宋皇帝から認められて正式に冠軍将軍になったのである。

百済王族や貴族たちは百済王を介して中国官爵を得ることができた。彼らが中国官爵を貴重なものと認識しそれを欲した場合、百済王の仮授とその後の宋への申請がなければ獲得することができない。つまり、百済王への従属度が強まる。百済王にとっても仮授権は王権の権威を高めるうえで必須の権限であったろう。

なお、四九五年に百済の東城王《とうじょうおう》が南斉に派遣したときには、沙《さ》法名《ほうみょう》・賛首流《さんしゅりゅう》・解昆礼《かいこんれい》・木干那《もくかんな》・慕《ぼ》遺《い》・王茂《おうぼう》・張塞《ちょうさい》・陳明《ちんめい》の八人に将軍号を仮授し、その正式承認を求めている。この八人は二つの階層に分けることができる。

沙法名から木干那までの四人は三文字名であり、中国的な名ではない。七世紀前半に唐太《たい》宗《そう》の勅命によって編纂された『隋書《ずいしょ》』百済伝には「国中の大姓は八族があり、沙氏・燕《えん》氏・劦《らい》氏・解氏・貞《てい》氏・国《こく》氏・木氏・苗《びょう》氏である」としている。四人のうち三人がその八族に該当する。つまり、四人は貴族層である。これに対して慕遺以下の四人は中国的な名であり、また府官（将軍府の幕僚）として南斉に派遣された人々である。つまり、将軍号は貴族と府官のいずれにも与えられている。

ところで、貴族層には他に邁羅王《まいらおう》・辟中王《へきちゅうおう》・弗中侯《ふっちゅうこう》・面中侯《めんちゅうこう》などの王侯の爵位を仮授している。王侯号は百済王号に類似しており、貴族層が百済王権に完全に従属しているわけではなかったこともうかがわせる。これに対して、府官には楽浪太守《らくろうたいしゅ》・城陽太守《じょうようたいしゅ》・朝鮮太《ちょうせんたい》守《しゅ》などの地方官を仮授している。地方官は百済王に仕える官僚であり、君臣関係が明確である。

このように王・侯といった爵号は貴族層のみに与えられるものであり、逆に地方官は府官のみが任命されている。将軍号が全員に分け隔てなく仮授されているのに対して、身分によって区別されているのである。ここから百済は、王侯を与えられる貴族層と、府官として登用された流亡漢人層によって構成されていたことがわかる。身分によってその政治的地位が分けられている彼らを、百済王は将軍号によって一元的に序列化していたのである。

だが結局、南斉はそれを認めず、彼らに王侯号や太守職が授けられることはなかった。しかし百済王の仮授からその支配者層が、王を核としながらも相対的な自立性を含む王侯層と、王の臣僚としての性質が強い府官層の二重構造であったことを確認できる。

珍と平西将軍倭隋

珍もまた百済と同じように、麾下《きか》の豪族たちに将軍号を授けるよう申請した。宋は珍を安東将軍・倭国王に任じると同時に、王族・豪族たちの将軍任命についての要求を認めた。このときに認められたのは倭隋《ずい》以下一三人である。彼らには平西《へいせい》・征虜《せいりょ》・冠軍・輔国《ほこく》などの将軍号が認められている。

これらのうち倭隋は倭姓を持つことから王族と考えられる。また、承認された将軍号はいずれも三品《さんぴん》であり、ランク的に安東将軍と同格である。だが、そのなかで平西と征虜・冠軍・輔国の間には格に差があった。武田幸男が指摘するように、一三人のなかでは平西将軍を与えられた倭隋が、格別の地位を得ていた。

この点についてもう少し深く見てみよう。珍の安東将軍も三品将軍である。倭隋の平西将軍との差はあまりない。この二人の関係はいかなるものだったのか。それを解くカギが古墳群にある。

序章で述べたように、大王墓と目される巨大前方後円墳を含む古墳群は畿内地域に五つあった。そのなかで五世紀には古市古墳群と百舌鳥《もず》古墳群が並行的に存在していた。それは王墓級の古墳を造営できる勢力が同時期に二つ存在していたことを示唆する。

それは大王となり得る王族集団が二つあったということである。当時の倭国において大王を輩出する一族は倭姓を名乗る集団として勢力を保ったが、その内部には有力なグループが複数存在していた。五世紀前半には讃と珍がリーダーとして立っていた讃系王族集団があったが、それとは別に讃系に匹敵する王族集団が存在し、そのリーダーとして倭隋がいたのである。

珍にとっては仮授する将軍号のランクが、自らの安東将軍との間に差があればあるほど倭国王としての権威が強まる。本音では他の王族や豪族に高い将軍号を仮授したくない。しかし、倭隋に対してはそれができなかった。倭隋の列島内における勢力はそれほど強かったのであり、珍は倭隋に配慮せざるを得なかったのだろう。

さらにいうなれば、珍が授かった安東将軍の「東」とは宋から見て東夷の世界を指す。それは高句麗の征「東」や百済の鎮「東」と同じ論理である。しかし、珍が倭隋に対して平「西」を仮授したのは、列島内における二大王族集団のうち珍が安「東」の号を獲得したことに対して、倭隋を「西」の長として認めたことを意味する。

換言すれば、倭王権を構成する倭姓集団をそれぞれ率いる倭珍と倭隋は、互いを東西と位置づけ、相互に補い合うことで列島を支配しているように見せたのである。

もちろんそこには論理のすり替えがある。本来の意味である東夷の一角としての「東」を、列島を二分する王権勢力の片方の「東」として列島支配に臨んだからである。当時の政治構造は、安東将軍珍・平西将軍隋の二大巨頭の下に、地方を含めて前方後円墳を造営可能な有力豪族が征虜・冠軍・輔国将軍として存在し、政治的に緩やかにつながる支配のネットワークを作り上げていたのである。

結局、珍は仮授権によって有力王族や豪族とつながることで、倭国全土に支配を及ぼした。それは逆にいえば、倭国王の権力が単独で列島の隅々まで行き渡るレベルではなかったことを示唆している。

2 四四三年、済の登場――王統は移動したのか

北魏の華北統一と宋の元嘉の治

珍が即位して国際関係に乗り出した頃、東アジアの動向を大きく左右する国際的な出来事があった。それは、中国北方で「五胡」と称された諸民族によるさまざまな王朝の興亡が決

着し、四三九年に北魏が華北を統一したことである。

北魏（正式には魏）は鮮卑族の建てた国である。鮮卑族のなかに拓跋部《たくばつぶ》という有力部族がいた。三世紀末から徐々に頭角を現し、その族長である拓跋猗盧《いろ》が西晋から三一〇年に代公《だいこう》、三一五年に代王に封ぜられ、代国を建国している。しかし三七六年、拓跋什翼犍《じゅうよくけん》のときに前秦の苻堅の侵攻を受けて代国は滅びた。三八三年に淝水《ひすい》の戦で前秦が瓦解すると、亡命していた什翼犍の孫の拓跋珪《けい》が三八六年に代国を復興させ、同年に国名を魏に改めた。その後、拓跋珪は後燕を破って勢力を拡大し、三九八年には平城《へいじょう》（現、大同《だいどう》）に遷都して皇帝を名乗った。ここに北魏は名実ともに王朝となったのである。

ただし、この時点では華北にまだ他の国も存在していた。なかでも北魏に匹敵する強国が夏《か》であった。南匈奴《きょうど》の出身である赫連勃勃《かくれんぼつぼつ》が建てた国で、北魏も赫連勃勃に対して手を出せなかった。しかし、四二五年に赫連勃勃が死去することによって状況が一変する。これを機に北魏は夏への攻勢を開始し、後を継いだ赫連昌《しょう》を捕らえ、その弟の赫連定《てい》は西へ逃げる途次で殺害され、四三一年に夏は滅亡する。

また、北魏の東方には北燕があった（第1章参照）。夏が強盛であったときには警戒して北燕への攻撃は控えていたが、夏が滅ぶと後顧の憂いなく北燕への攻勢をしかける。馮跋《ふうばつ》の兄弟で後を継いでいた馮弘《こう》はそれに耐えきれず高句麗へ亡命して、四三六年に北燕は滅びた。

また、北魏の西方には北涼《ほくりょう》があった。強国とはいえないが夏や宋との巧みな外交によって存続しており、北魏が勢力を伸ばすとその主の沮渠蒙遜《そきょもうそん》は北魏への従属を選択した。しかしその死後、北魏の華北制圧のなかで四三九年に滅ぼされる。一族の沮渠無諱《そきょむき》らは敦煌《とんこう》あたりに落ち延びて、四六〇年までその勢力は存続した。

このように北涼の滅亡をもって、前秦以来となる華北の統一を達成した。辺境の甘粛《かんしゅく》南部に後仇池《こうきゅうち》という国が残っていたが、もはや北魏に対抗する力は残っておらず、これも四四二年に平定された。

一方中国江南の情勢を見ると、東晋が四一〇年に南燕を滅ぼして山東半島の領有に成功した。さらに後秦を滅ぼしている。そして、四二〇年に劉裕《りゅうゆう》が宋王朝を建国した。北魏が華北を統一した時点では、山東半島といった交通の要衝は宋が押さえていた。北魏と国境を接している高句麗はともかく、百済や倭国が南朝との外交を展開したのは交通ルートをめぐる領有関係が影響していた。

当時の宋は政治的に見ても転換期にあった。宋を建国した劉裕は武帝として即位したが、讃が到来した翌年の四二二年に死去する。跡を継いだのは長子の少帝《しょうてい》であったが、素行に問題が多い皇帝であり、四二四年にクーデターが起こり少帝は廃され、弟の劉義隆《ぎりゅう》が文帝として即位した。

文帝の在位は三〇年に及ぶ長い治世であった。この時期は安定した世の中となり、その年号から「元嘉《げんか》の治」と呼ばれる。

そうした時期にあって珍が到来した四三八年の前後は宋で政治的変動があった。四三六年に重臣の檀道済《だんどうせい》が文帝と対立し失脚したのである。檀道済は建国の功臣でもあり、軍事的才能にも優れていた。失脚時には、その死は北魏を防ぐ長城を壊すようなものだと評された。事実、四五〇年に宋は、華北統一を実現した北魏の進攻を受けて追い込まれることになる。

高句麗と百済の対立

朝鮮半島も転換期を迎えつつあった。

高句麗は北魏の勢力拡大を注視していた。北魏による華北統一の四年前、つまり四三五年に長寿王は初めて使節を派遣し、北魏から都督遼海《りょうかい》諸軍事・征東将軍・領《りょう》護《ご》東《とう》夷《い》中《ちゅう》郎《ろう》将《しょう》・遼東郡開国公・高句麗王の官爵を授かっている。

とはいえ、高句麗は北魏に従属するつもりはまったくなかったようである。北燕から高句麗に亡命した馮弘の引き渡しを北魏が求めても断っている。馮弘は宋との関係も深く、高句麗にとっては利用価値があると見なされていたのであろう。しかし、馮弘は高句麗で終わることをよしとせず、再起をかけて四三八年に宋に逃亡しようとして結局殺された。

馮弘をめぐる外交は北魏と高句麗の関係を悪化させる。北魏の皇帝太武帝《たいぶてい》は高句麗征討さえ計画した。このときは臣下の反対によって実現しなかったが、北魏の高句麗攻撃は決して机上の空論ではなかった。

北魏の危険性については高句麗もよくわかっていた。高句麗は宋と外交関係を結びながら、北魏が有力になると北魏とも結んでいる。中国の南朝と北朝を両天秤《りょうてんびん》にかけながら自国の勢力拡大の方策を探っていた。

高句麗は北魏が統一を実現した四三九年に、八〇〇頭という大量の馬を宋に贈っている。馬は軍事的な意味合いが強い。北魏の強大化を危惧した長寿王が、宋から北魏への軍事行動を期待してのものであろう。強大になりすぎた北魏の勢力をいかにして削《そ》ぐかに腐心している様がうかがわれる。

それとともに、高句麗は新羅に対する圧迫も強化した。一九七九年に韓国忠清北道《ちゅうせいほくどう》で発見された、五世紀前半に立てられたと考えられる中原高句麗碑《ちゅうげんこうくりひ》では、高句麗が新羅王を「東夷の寐錦《びきん》」と呼んでいる。この時期の新羅はまだ「王」を名乗っていない。寐錦とは五世紀の新羅の最高首長の称号の一つであった。新羅で「王」を名乗るのは六世紀前半の法興王《ほうこうおう》の時代になってからである。高句麗は新羅を「東夷」すなわち東の野蛮人と見なしており、高句麗を中心とした中華思想に基づいて新羅を夷狄《いてき》視していた。それは高句麗が中国とは異なる国際秩序を作り上げようとしていることの表れである。

百済は当時、毗有王《ひゆうおう》が在位していた。ところが、その即位直後の四二八年に倭国からの外交使節を受け入れて以来、倭国と百済の外交が見えなくなる。このことから両国の関係が疎遠になりつつあったとする熊谷公男の見解もある。

たしかに倭国と百済の外交が次に確認できるのは四六一年であり、三〇年以上にわたって交渉が見えない。祖父にあたる腆支王《てんしおう》の時代の倭国との軍事同盟を基調とした積極的な友好関係に比べると、消極的になっているようにも見える。

2-4　中原高句麗碑

毗有王の在位は四二七年から四五五年までだが、倭国と百済の外交が途絶えた時期とほぼ重なる。毗有王は対倭国友好政策の方針を変更し、その死後倭国との友好外交が復活したかのようである。

他方で、四三三年に百済は新羅に和親の使節を派遣している。三七三年の外交決裂以来、六〇年ぶりである。翌年にも馬や白鷹を贈り、新羅も答礼として黄金・宝石を贈ったとする。高句麗に隷属していた新羅に百済が接触を図り、新羅もそれに応えている。高句麗の圧迫が強くなるなかで、新羅は高句麗からの自立を探り始めたのである。

百済と倭の関係は途絶えたか

では、毗有王はそれまでの倭国との関係を否定し、新たに新羅との関係構築に努めたと捉えてよいのだろうか。

たしかに直接の外交は行われていないが、両国の交流が途絶えたわけではない。それは他でもない、倭国と宋の外交からうかがうことができる。

倭国は毗有王の在位中の四三〇、四三八、四四三、四五一年と四回にわたって宋に外交使節を派遣している。倭国の宋への経路は、朝鮮半島西岸を北上して黄海を横断し山東半島に渡りそこから南下するルートである。半島西岸の百済沿岸部を通るためには百済の協力が不可欠である。

毗有王の時代に倭国と百済の二国間交渉は見えないが、倭国の対宋外交に便宜を図っていることは間違いない。百済は倭国と積極的な二国間外交こそ積み重ねてはいないが、協力的なスタンスは崩していない。むしろ倭国と百済の関係を土台として、百済は新羅との反高句麗的関係を再構築しようとしたのであろう。

一方、百済は四四〇年に一〇年ぶりに宋に使節を派遣している。おそらくは前年の高句麗の宋への馬献上を警戒してのことであろう。百済が高句麗の軍事的動向に注意を払っているのは四世紀以来一貫している。

高句麗から宋への交通は、陸路に北魏があるため、遼東半島から黄海を横断して山東半島に上陸というルートをとったであろう。馬八〇〇頭を運ぶとなれば相当の船団になる。百済側の警戒網がそれを目撃したことは十分にあり得る。だが百済はその目的までは知ることはできない。そのため急遽、宋に使節を派遣して高句麗の対宋外交の意図を確認しようとしたと考えられる。

高句麗と百済が使者を派遣してきたことは、北魏包囲網の強化を目指す宋にとって両国が北魏包囲網の一角を担う役割を再確認することになった。北魏をめぐる国際情勢は、直接的ではないにせよ確実に東アジアに影響を及ぼしていた。

済の到来――讃・珍との不明瞭な血縁

同じ頃、百済による新羅との連携政策とは別に、倭国は異なる方法で朝鮮半島に対する動きを見せた。

『三国史記』によると、四四〇年と四四四年に倭国が新羅に侵攻したことが記されている。また、『日本書紀』の紀年を修正すると、四四二年にやはり倭国が新羅を討ったという記録がある。『日本書紀』では新羅の計略によってその軍が大加耶に矛先を変えたという。簡単に攻撃先が変わることには疑問もあるが、この点については当時の倭国軍のあり方を念頭に置かなければならない。

当時の倭国軍は豪族たちが将軍となり、それぞれの配下の兵を引き連れて参加する構造であったと考えられる。豪族たちはそれぞれ個別に朝鮮半島との関係を構築していた。高句麗に対しては倭国という立場で統一的に行動したが、新羅や加羅との関係は豪族ごとに異なり、軍としての意思統一は困難であっただろう。そのように見ると、新羅が倭国軍のなかの関係の深い豪族に働きかけて自国への攻撃を阻害したことは十分にあり得る話である。

『三国史記』と『日本書紀』で年次がずれているが、異なる史料に記されていることから、四四〇年代初頭に倭国が半島に対して軍事行動を起こしたことは認めてよいだろう。その行動の背景には、四三八年に即位したばかりの珍が百済と新羅の連携によって、自国の国際的地位が低くなることを危惧したことがあり、軍事行動によって自らの権力を強化しようとするねらいがあったのかもしれない。

このような国際情勢のなかで、倭国は四四三年に宋に遣使してきた。ところが、使節を派遣してきたのは珍ではなく倭済という名の王であった。この時点で珍は死去して国王が交代したことになる。

済も即位して自らの権力基盤の確立のためにすぐに宋に使節を派遣したと考えてよいだろう。目的が官爵の任命にあるとすれば、前王と同様の地位の保全を要求したと考えられる。結局、珍の遣使は四三八年の一度きりであり、その在位は五年程度だったことになる。『宋書』には、このとき済が要求した官爵は特に記していない。宋に対して度を過ぎた要求はしなかったようである。先述のように珍は安東将軍・倭国王に任じられた。済もそれをふまえて安東将軍・倭国王への叙任を要求するにとどまったのであろう。

しかし、珍から済への王位継承には大きな問題が横たわっている。それは、少なくともこの二人の間に近親関係は見出しがたいことである。

『宋書』倭国伝には、讃と珍が兄弟であることは明記されているが、珍と済の続柄は記されていない。済は倭姓を名乗っていることからすれば、それまでの倭国王と同族だったことは間違いない。だが、宋に対して珍との続柄を名乗らなかったことから、珍との血縁関係はそれほど近いものではなかったことが推測できる。それは、讃・珍の兄弟で継承した倭国王位がその近親には引き継がれなかった可能性を示唆している。

もっとも穏健な考えとしては、珍に息子がいなかったため、遠縁である済のグループに王位が移行したということになろう。しかし、当時の倭王権は未成熟であり、平和裏に王位が移った保証はどこにもない。

『日本書紀』が描く凄惨な戦い

記・紀は、第16代仁徳天皇以降の王位はかなり凄惨な争いの過程を経て継承されたという物語を描いている。これまで倭の五王と結びつけられて考えられている第17代履中《りちゅう》天皇から、四八〇年に即位したとされる第22代清寧《せいねい》天皇までの六代について、『日本書紀』を見ると次のような記述となる。

履中天皇が即位のときに同母弟の住吉仲皇子《すみのえのなかつみこ》が反乱を起こし、やはり同母弟の多遅比瑞歯別《たじひのみずはわけ》（第18代反正《はんぜい》天皇）が隼人《はやと》に住吉仲皇子を殺害させている。履中天皇は在位六年で死去した。次の反正天皇のときには王族どうしの争いは記されておらず、大きな問題もなく即位している。しかし、反正天皇が五年で死んだ際には、王位継承候補者として第19代允恭《いんぎょう》天皇と大草香皇子《おおくさかのみこ》の名が挙がった。

このときは豪族たちが一致して允恭天皇を推したため問題は生じなかったが、王位継承で允恭天皇と大草香皇子が競合する存在であったことが暗示されている。允恭天皇の治世は四二年に及ぶ。

その死の直後、允恭天皇の太子であった木梨軽皇子《きなしのかるのみこ》が同母妹の軽大娘皇女《かるのおおいらつめのひめみこ》と情を通じるなど問題行動を起こして失脚する。木梨軽皇子を死に追い込んだ第20代安康《あんこう》天皇は即位後も、父允恭天皇のライバルであった大草香皇子を誅殺《ちゅうさつ》している。大草香皇子の子の眉輪王《まよわのおおきみ》が父の仇である安康天皇を殺害し、事件をめぐって白彦《しろひこ》・黒彦皇子《くろひこのみこ》の関与を疑った弟の大泊瀬皇子《おおはつせのみこ》が、両皇子と眉輪王を攻め滅ぼす。

さらに大泊瀬皇子は、履中天皇の皇子であった市辺押磐皇子《いちのへのおしはのみこ》を狩りにかこつけて射殺、その弟の御馬皇子《みまのみこ》も罪を問い処刑したうえで即位している（第21代雄略《ゆうりゃく》天皇）。雄略天皇の死後、星川皇子《ほしかわのみこ》が専権を振るい、それを危惧した大伴室屋《おおとものむろや》らが皇子を焼き殺す。この事件を経て清寧天皇が即位したことが記されている。

『日本書紀』のこうした記事がどこまで事実か、慎重に考えなければならない。ただ、王位継承をめぐる五世紀の王族どうしの抗争が歴史として描かれていることは間違いない。

王統の移動——倭隋と倭済

済による宋への派遣の話に戻ろう。珍の後に王位を継いだ済は、もともとかなり有力な勢力を保持していただろう。少なくとも珍に匹敵する力を持っていたことは間違いない。しかし、珍の死という状況を考えるとき、済が新たな王として登場するためには解決しなければならない問題があった。

倭国王と同族でかつ珍と勢力を異にしながらそれに匹敵するという条件、これを満たす人物は済だけではない。その条件を振り返ると、済以外に一人の人物に突き当たる。倭隋である。

珍が高句麗王や百済王に並ぶ東アジアの大国を目指すならば、国内における権力者としても並び立つものがいない地位を目指したであろう。しかし、現実には倭隋をリーダーとする有力王族集団を無視できず、宋皇帝にも倭隋を平西将軍として推薦せざるを得なかった。倭国王である倭珍と、平西将軍という安東将軍に匹敵する官爵を授かった倭隋との関係は、微妙なバランスのもとに成り立っていたと推測できる。

倭珍がどのような死を迎えたかはわからない。記・紀の伝承を思えばいろいろと勘繰りたくなるが、憶測の域を出ない。ただ、珍の近親の係累が珍の次の倭国王として後を継がなかったことは事実である。それは、珍に近親の後継者がいなかったためか、あるいは近親も含めて死んだためという二つの可能性が考えられる。いずれにせよ、その結果として済が即位した。

珍とは血縁的に近くない倭済が新たに倭国王となるために必要となるのは、即位のときに彼をとりまく王族や豪族に、倭済が国王として適任だと認めさせることである。その相手は具体的には珍の推薦によって将軍号を獲得した面々である。特に珍の朝廷で、珍に匹敵するナンバー2として存在した倭隋の動向は済の即位を大きく左右したはずである。言い換えれば、珍の死後、それに匹敵する勢力を有していた倭隋はなぜ即位しなかったのだろうか。

済が宋に遣使した四四三年時点での倭隋の動向はいくつか考えられる。

一つめに、済が即位した時点で倭隋の力を凌駕《りょうが》していたことである。この場合、済は急速に力を伸ばしたことになり、倭隋と済の関係が問われることになる。二つめに、倭隋が珍より先に死んでいた可能性である。この場合には倭隋は済の即位に関与できない。ただし、隋の死後、その勢力を引き継いだ後継者の動向が問題となる。そして三つめに、済自身が倭隋の後継者であった可能性である。

これらの要点は、倭隋と倭済の勢力を別とするか、同じと捉えるかということに尽きる。第一勢力としての珍に対して、第二勢力としての倭隋と第三勢力の倭済が存在していたのか、第二勢力として倭隋の後を継いだ済が勢力を保持していたのかということである。

ここで思い起こされるのが、この時期の畿内における古墳群の推移である。大王を出すことができる王族集団は、五世紀には古市と百舌鳥の二大勢力が存在した。こうした考古学的な動向を念頭に置くと、倭隋と倭済は同じ集団と捉えたほうが理解しやすい。済は平西将軍として珍と勢力を二分した倭隋の近親であり、おそらくは倭隋が珍よりも早く死去したのを受けてその勢力を引き継ぎ、珍から王位を移行させた可能性を見ておきたい。珍のわずか五年での死、それに伴う倭隋・済グループへの王統の移動。そこに何があったのか、うかがう術はない。

倭国王の地方支配

倭国中央での政治的動向に対して、地方との関係についてうかがうことができる資料がある。

千葉県市原市《いちはら》に稲荷台《いなりだい》一号墳という五世紀中頃の円墳がある。この古墳から文字の刻まれた剣が見つかった。表に「王賜□□敬□」、裏に「此廷□□□□」と記されている。「王賜《おうし》」銘鉄剣《めいてっけん》と呼ばれるものである。

銘文に欠損が多く、内容について慎重にならざるを得ないが、表の冒頭に「王が（鉄剣を）賜う」と記していることは注目に値する。それはヤマトの王から地方豪族に授けられたことを示し、この鉄剣が下賜されたものであることをうかがわせる。

「王」とのみ記されているが、ここから二つのことがいえる。

一つは、平川南が指摘するように、「王」と記すだけでそれが誰か自明だったことである。つまり、五世紀の段階で「王」という名称を用いることができるのはヤマト政権の盟主である倭国王のみであった。王族といえども「王」を名乗ることはできなかった。王族であることは倭姓によって示された。それは百済との比較からわかる。百済では有力王族が王・侯号を仮授されていた。ところが、珍と匹敵する権力を持っていたと推定される倭隋は王・侯に類する称号を仮授された形跡がない。列島内に王と呼ぶべき存在は一人しかいなかったのである。

もう一つは、それは「王」であっても、「大王」ではないことである。五世紀後半のものといわれる稲荷山鉄剣や江田船山大刀に「大王」と記されたこととは一線を画する。むしろ宋から授けられた「倭国王」号に近い。冊封で授与された称号は国内支配に機能していたといえる。

ただし、「国王」ではない点にも注意しなければならない。宋では明確に区別されていた「国王」と「王」について、五王はその違いをはっきりと自覚していなかった。それは中国の冊封に対する理解の限界を示している。限界があるとはいえ、中国から授けられた称号が実際に国内の地方

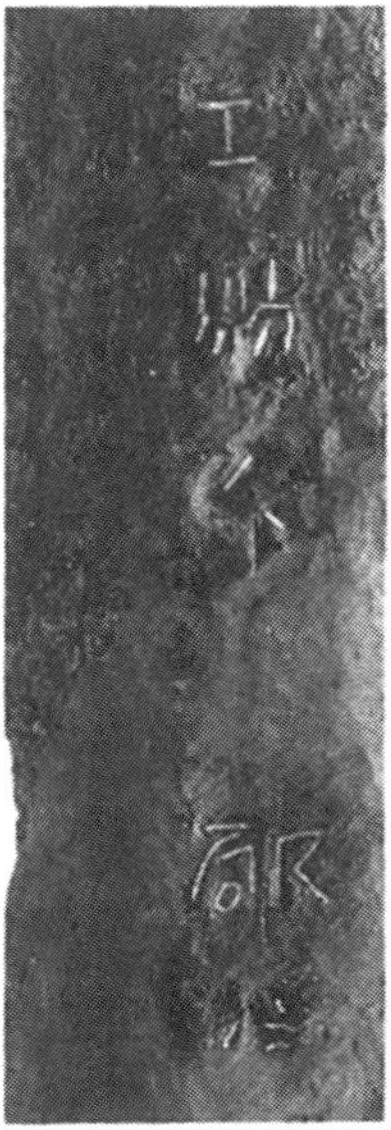

2-5　「王賜」銘鉄剣

豪族との関係に利用されていたことがわかる。その意義は大きい。このときの「王」が五王のうち誰に該当するのかは断定できない。五世紀半ばという年代から推測するならば、おそらくは珍か済であろう。

反高句麗のうねり

四四三年の遣使により済は宋から冊封され、安東将軍・倭国王に任じられた。済は新王統ではあるが、実際はどうあれ前王から順当に権力を引き継いだと宋に承認された。済は珍の官爵を引き継いだ。

王統が交代したとしても、倭国の外交がいきなり転換するわけではない。むしろ新王統だからこそ列島の王族・豪族の利害をふまえながら外交を進めていく必要があった。先に記した四四四年まで新羅出兵が継続していたとすれば、珍の時代からの朝鮮半島への積極的な攻勢の継続であった可能性が高い。ただし、それで倭国の新羅出兵はひとまず収まる。

四五〇年になって状況は急速に動き出す。文帝のもとで元嘉の治と呼ばれる安定した時代を謳歌していた宋だが、四五〇年に北魏が南下してくると大敗を喫する。このときは北魏が引き上げたことによって、宋はからくも山東半島の領有を維持できた。しかし、これ以後、宋の国勢は少しずつ傾いていく。

朝鮮半島では、新羅が高句麗からの離反を明確に示し始める。

新羅を従属させていた高句麗は、監視の部将を置いていた。四五〇年、その将が原野で狩りをしていたところ、新羅の城主三直《さんちょく》によって殺害される。怒った高句麗の長寿王は新羅への軍を発した。新羅国主の訥祇麻立干《とつぎまりつかん》が謝罪することで衝突は回避されたが、この事件の背景に前述の新羅と百済の連携があった。

新羅の行動は、五世紀前半までの高句麗と新羅の関係が変化しつつあることを朝鮮半島の内外に示すことになった。

同年、百済は宋に使節を派遣し、易林《えきりん》・式占《しきせん》と腰弩《ようど》を求めている。易林と式占はいずれも占いの書である。腰弩は足や腰の力を利用して弦を張る弩《ど》である。弩のような強力な武器の入手は高句麗との対決を念頭に置いたものであろう。新羅との連携によって高句麗との対決が遠くない時期にあることを想定していたことがうかがわれる。

3　済の再遣使と興の登場——不明瞭な王位継承

四五一年、済の再遣使

こうした国際情勢のなか、四五一年に済は再び宋に使者を派遣する。

八年ぶりの遣使であるが、宋では北魏の侵攻を受けた余燼《よじん》が収まっていなかった。宋は大打撃を受けた国家体制を再構築し、北魏に対して国際的包囲網を強化することが課題であった。そうした状況下で倭国が到来したのである。宋にとっては皇帝の権威の回復のためのプロパガンダに好都合であった。

では、倭国の遣使はなぜこの時期に行われたのだろうか。このときは宋と倭国の間で二つの交渉案件があった。一つは、済が二三人という多数の配下への叙任を求めてきたことである。もう一つは、済が倭国王として初めて使持節・都督倭新羅任那加羅秦韓慕韓六国諸軍事に任命されたことである。これらが倭国の目的を探るための手がかりとなる。

前者の問題から考えてみよう。済は前もって二三人に官爵を仮授し、その正式任命を宋に要請した。その官爵は『宋書』倭国伝では「軍郡」と記しているが、「軍」は将軍、「郡」は郡太守を意味する。百済が貴族層に王侯の称号を、府官に太守職を仮授したことは先述した。それをふまえると、二三人の内訳は、列島の有力豪族層と、府官として採用した渡来系の人々になる。このときの遣使は彼らへの叙任が主たる目的の一つとしていた。

王が在位の途中で多くの部下への叙任を要求した事例は、四九五年の百済のケースがある（八〇頁参照）。このとき百済は高句麗との戦争で功績のあった貴族や府官らに将軍号・王侯号・太守の叙任を要請している。この年は東城王《とうじょうおう》の治世一七年にあたり、即位した直後に王の権威を示すために仮授を行ったとは考えられない。つまり、戦争などで活躍した貴族や府官に官爵を授けるため、中国へ使節を派遣し叙任を要請したのである。

倭国の済の場合も同じように論功行賞を実施する必要があったと推測できる。それに該当する出来事は、済が即位した直後の四四四年に新羅への進攻が挙げられる。このときに功績のあった王族・豪族・府官らへの叙任である。

また、前回の四四三年の遣使の際に豪族らへの仮授承認を求めていないことも考え合わせたい。四四三年の派遣時には何らかの事情で豪族らへの仮授は先延ばしにされ、それが実施されたのが四五一年という可能性もある。そうであるとすれば、四五一年の時点で済はようやく倭国における王としての地位を固めつつあったことになる。

済は〝昇格〟したか

次に、済自身への新しい官爵の叙任について考えよう。

ただ、その前に史料上解決すべき問題がある。四五一年の済の官爵について、史料によって食い違いがある点である。

四四三年に安東将軍・倭国王に任じられた済は四五一年に、『宋書』本紀では、安東将軍・倭王から安東大将軍に昇格したと記されている。一方『宋書』倭国伝では、済に対して使持節・都督倭百済新羅任那秦韓慕韓六国諸軍事を認めたものの、安東将軍はそのまま留め置かれたとある。

問題は二つある。一つは、『宋書』本紀に倭王とあり倭国王から昇格したように見えるが、『宋書』倭国伝には倭国王のままであったと読めることである。いずれを事実と認めるか。もう一つは、安東大将軍になったのか否か。王号と将軍号をめぐって『宋書』本紀と『宋書』倭国伝で矛盾しているのである。

この問題について、四つの説――『宋書』本紀が正しい（高寛敏）、『宋書』倭国伝が正しい（宮崎市定、西嶋定生）、時間差で二回叙爵があった（坂元義種、荊木美行）、史料の誤脱（石井正敏）がある、が提起されている。このうち説明が必要なのは時間差説であろう。それは、使節が到来し、まず使持節・都督倭新羅任那加羅秦韓慕韓六国諸軍事・倭王に任じられ、次いで同年中に安東大将軍に昇格したと見なすものである。他の説に比べて両方の史料を整合的に解釈するものである。

先述のように、済は二三人への軍郡の叙爵を要請している。それは部下だけではなく、トップである自らへの叙爵要求もあったと考えなければならない。すでに安東将軍・倭国王であった済が求めるとすれば、安東大将軍への昇格と珍が果たせなかった使持節・都督倭百済新羅任那秦韓慕韓六国諸軍事の叙任であろう。だがこのうち安東大将軍への昇格は実現しなかったと考えられる。それは次の倭国王である興が冊封されたときに授けられた官爵が安東将軍・倭国王であり、安東将軍に据え置かれたことから推測できる。

東アジア諸国の新王が即位したとき、前王の官爵は引き継がれる。百済では毗有王（餘毗）が即位したときに「映の爵号を授けた」とある。腆支王（餘映）の官爵は使持節・都督百済諸軍事・鎮東大将軍・百済王であり、それをそのまま引き継いでいる。次いで蓋鹵王《こうろおう》（餘慶《よけい》）が即位すると鎮東大将軍を授かった。これらを見ると、少なくとも将軍号については前王の官爵を授かるのが通例である。

のちに詳述するが、済の後を継いだ興は安東将軍・倭国王に任じられている。済が安東大将軍になっていたならば、興もそれを要求していたはずである。済が最終的に保有していた将軍号と王号は安東将軍・倭国王であったとするべきだろう。『宋書』本紀の「倭王」は「国」字の脱落、安東大将軍任命記事は、済から要請された官爵を記す史料を『宋書』編纂の際に任命記録と誤って扱ったものと見なすほかない。

六国諸軍事の要求と除正

したがって済の外交成果として強調できるのが、使持節・都督倭百済新羅任那秦韓慕韓六国諸軍事の獲得である。済は珍が果たせなかった外交的課題を達成したのである。

ところが、六国諸軍事の範囲が要求とは修正されて授与されている。珍が宋に要求した四三八年の六国は、倭・百済・新羅・任那・秦韓・慕韓であった。済が四五一年に要請した際も同じであっただろう。

倭国の要求のねらいは明確である。六国のうち、任那は弁韓、秦韓は辰韓、慕韓は馬韓であり、三世紀以来の三韓である。百済や新羅はそれぞれ馬韓や辰韓のなかの小国から国を興したが、いまだ馬韓・辰韓をまとめるにまでは至っていない。それを念頭に置くと、倭国の挙げた六国とは朝鮮半島で高句麗に屈服していない地域全域となる。珍と同様、反高句麗連合の盟主としての地位を済は目指していたのである。

ところが、宋が済に認めた六国とは、倭国の要求とは微妙にずれるものであった。それは倭・新羅・任那・加羅・秦韓・慕韓の六国となっている。百済が除外され、加羅が追加されたのである。

百済を宋が認めなかったのは、従来は百済王に対してすでに都督百済諸軍事が授けられているため、また鎮東大将軍である百済王の支配領域に格下の安東将軍である倭国王の軍権を認めることについて可能とする坂元義種の見解もあるが、困難とする石井正敏の批判が穏当であろう。

問題は百済に代えて加羅を加えた点である。これまでは百済を除いた際の帳尻合わせとして宋が加羅を持ち出したという理解が一般的である。だが倭国が持ち出さなかった加羅を、宋があえて取り上げた意味について考える必要がある。

「任那」――異なる認識

そもそも任那とは何か――。古くは加耶地域全域を指す地域呼称として理解されてきた。加耶は加羅とも称された。しかし、そのように考えるとおかしな理解となる。倭国が加耶地域全体としての任那の軍事権を要求したのに対して、宋は任那と加羅という同じ地域について名称を別にして重複して軍権を授けたことになるからである。加耶地域は宋の実質的な勢力の範囲外であるとはいえ、宋がそのような不手際をするのだろうか。

そこで任那と呼ばれる地域について深く見ておこう。近年では加耶地域の有力国であった

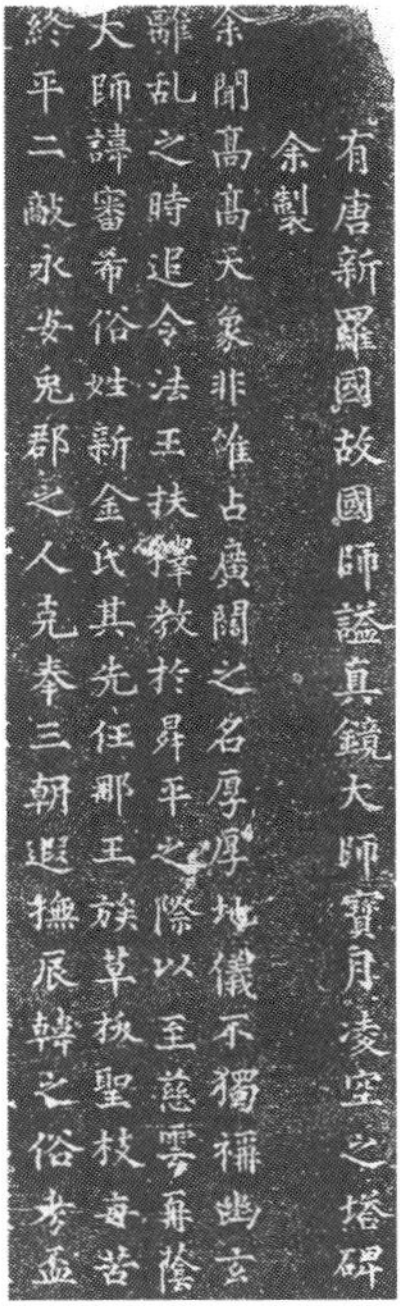
有唐新羅國故國師謚真鏡大師寶月凌空之塔碑
余製
余聞高高天象非惟占廣闊之名厚厚地儀不獨稱幽玄
離乱之時退令法王扶擇教於昇平之際以至慈雲垂蔭
大師諱審希俗姓新金氏其先任那王族草拔聖枝每苦
終平二敵永安兎郡之人克奉三朝遐撫辰韓之俗考孟

2-6　真鏡大師碑

金官国《きんかんこく》が任那と呼ばれていたことが指摘されている（田中俊明）。たとえば鳳林寺《ほうりんじ》真鏡大師宝月《しんきょうだいしほうげつ》凌空塔碑《りょうくうとうひ》には「大師は諱《いみな》を審希《しんき》といい、俗姓

は新金氏《しんきん》、その先祖は任那の王族である」と刻まれている。新金氏とは、五三二年に金官国が新羅に降伏した後、金官の王族に与えられた姓である。新羅王姓の金氏と区別するために新金氏と呼ばれた。ここでは真鏡大師の出自が「任那」すなわち金官国の王族であることを記している。

しかし、必ずしも任那が金官国のみを指すとは限らない。『日本書紀』欽明《きんめい》二三年正月条には「総じて任那という が、分けると加羅国・安羅国《あらのくに》・斯二岐国《しにきのくに》・多羅国《たらのくに》・卒麻国《そちまのくに》・古嵯国《こさのくに》・子他国《したのくに》・散半下国《さんはんげのくに》・乞飡国《こちさんのくに》・稔礼国《にむれのくに》の合わせて一〇国である」という記述がある。この記事は金官国が滅んだ後のことなので金官国が現れないが、ここでの「任那」は加耶地域全体を示している。

では金官国としての任那と、加耶全域としての任那は、どのように整合的に考えるべきか。まず注意しなければならないのが、任那について、朝鮮史料が金官国を指し、日本史料が加耶全域を指すことである。

朝鮮史料を重視するならば、もともとは金官国を任那と呼び、倭国も古くは金官国を任那と認識していた。しかし、倭国が金官国=任那を通じて加耶地域の諸国との交流が深まっていくにつれ、加耶諸国全体=任那と呼ぶ用法が成立したと考えられる。似たような言葉の広がりの例は、もともとは加耶地域を指したカラという語が、その後、朝鮮半島全域を意味し、さらには中国もカラ（唐）と呼んだという事例を挙げることができる。

このように考えると、珍や済が要請した際の任那とは、やはり金官国のみではなく加耶地域の諸国を示していると理解したほうがよい。そもそもこの場合の任那が金官国のみであるとすると、安羅国やその他の加耶地域の諸国に倭国は関心を示さず金官国の軍権のみ求めたことになる。倭国と安羅が協働して活動している様が広開土王碑には記されているが、両国の連携が密接であったことから考えると、倭国が安羅を諸軍事から落とすとは考えがたい。

宋から見た任那と加羅

一方、宋は任那とは金官国の別名であると理解していた。

また加耶地域の有力国として、任那（金官国）の他に加羅国（大加耶）が勢力を伸ばしつつあったことも知っていた。加羅国について宋が知っていた理由もある程度推測できる。先述のように、四四〇年代初頭に倭国は新羅を進攻する際に新羅の計略によって大加耶に矛先を変えている。このときは百済の介入により倭国は兵を引き上げたと見なされるが、この進出が史実であるとするならば、倭国は加耶内陸部への軍事的展開を試みたことになる。

この行動について、百済が宋に伝えたか、あるいは倭国が加耶地域に対する軍権の正当性を強調する目的で宋に語った可能性がある。二三人の叙爵と絡めて理解するなら、後者のほうが可能性が高いだろう。

いずれにせよ宋は四四〇年代初頭の倭国と大加耶の軍事的接触について知り、大加耶（加羅）の存在を明確に認知した。そして、四五一年に倭国に加耶地域の任那（金官国）のみならず加羅国（大加耶）の軍権をも認めた。大加耶をめぐる倭国と百済の立場の違いについては、このときは倭国のほうに軍配が上がったといえなくもない。

加耶の二大勢力である金官国と大加耶に対する軍権を認めることは、周囲のその他の加耶諸国への影響力も持つものとして実質上加耶全域への承認に等しい。宋は倭国の要求に対して百済を除外し、かつ六国という名目には応じるかたちで調整したのである。そして宋の恩徳を強調し、倭国に軍事的な貢献を期待したのであろう。ただし、実質的な軍権の承認に関しては、倭国の求めた任那（加耶全域）と宋の授けた任那・加羅（加耶有力国の金官国と大加耶）はほぼ同じであった。

なお、倭国は高句麗から離脱を図っている新羅とその周辺の秦韓についても軍権を勝ち取っている。新羅とは四四〇年代初頭の衝突があったことから、その関係が良好に推移していたとは考えにくい。ただし、それは宋にとっては関心外であった。

『宋書』全体を見渡しても「新羅」の二文字は倭国が授かった「都督倭新羅任那加羅秦韓慕韓六国諸軍事」のなかに見えるだけである。宋にとってもっとも重要な北魏包囲網を中心とする国際情勢認識の視界に新羅が入ることはなかった。

倭国の新羅攻撃

済にとって、朝鮮半島南部の軍権について宋の承認を得たことは外交的成果と受け止められただろう。しかし、現実の東アジアの情勢は混沌として緊迫の度合いを増していく。

四五〇年の北魏による南征によって、中国における北魏の優位は確立したといってよい。しかし、すぐに宋を滅ぼすことにはならなかった。

宋を追い込んだ太武帝《たいぶてい》が宦官《かんがん》に殺害され、太武帝の末子が推戴《すいたい》されたもののそれも弑逆《しいぎゃく》された。こうした専横に官僚らが反撃して、太武帝の孫を文成帝《ぶんせいてい》として立てた。ここまですべて四五二年の出来事である。華北統一を達成し急速に強大化した北魏もその権力は一枚岩ではなかった。特に中国王朝として漢化政策を進める皇帝に対する鮮卑族の反発は大きな障害であった。また、鮮卑族と漢人の反目も大きな課題であり、対外的な軍事行動に専念できるわけではなかった。

不安定なのは北魏ばかりではなく宋も同様であった。四五三年、元嘉の治によって宋の最盛期を築いた文帝が皇太子に殺される。皇太子は即位するものの三ヵ月で文帝殺害を弾劾され捕らえられ処刑される。そののち孝武帝《こうぶてい》が即位するが、もはや往時の勢威を取り戻すことはできなかった。

この時期の中国は南北朝ともに政変による混乱が生じており、両国とも国際情勢を動かすどころではなかった。その隙を突くかのように、朝鮮半島をめぐる情勢は激しく動く。新羅の自立を危険視した高句麗の長寿王が四五四年に新羅を攻撃する。その百済では翌年三月に狩りを行った毗有王《ひゆうおう》が九月に急死している。不審な死である。王の死を察知したのか、一〇月に高句麗は百済を攻めるが、新羅が百済を救援した。四三三年以来の百済と新羅の連携はここで同盟として確立する。朝鮮半島に高句麗対百済・新羅という構図が明確化した。

では、倭国はそこにどのように関わったのか。

名目的とはいえ宋から新羅や加耶の軍権を認められた倭国は、新羅に対する軍事行動を活発化させる。四五九年に倭国の新羅攻撃が再開され、兵船一〇〇余艘《そう》で月城《げつじょう》を攻めた。新羅はこれを撃退するものの、四六二、四六三年にも繰り返され、倭国対策として沿岸部に二つ築城している。新羅にとっては北の高句麗の影響力から脱けだそうとするものの、南の倭国も宋から認められた軍権を名目に軍事力を進めてくるという頭の痛い状態が続いていた。

では百済と新羅の同盟が対倭国問題に機能することはなかったのか。見方を変えれば、それによって百済は四世紀末以来の倭国との同盟を放棄したのだろうか。この点については百済が倭国を軽視したとは考えにくい。

四六〇年に倭国が宋に遣使している。派遣した王の名は残されていないが、済であろう。このときの派遣目的についてはわからない。ただ、百済は倭国に通例通り渡海の便宜を図ったと考えられる。

また、四六一年には百済から倭国に王弟昆支《こんき》（『日本書紀』では軍君《こにきし》）が派遣されている。倭国と百済の外交は四二八年以来、三二年ぶりのことである。しかもただの使節ではなく、王族の派遣である。四五八年には餘昆の名で中国史料に現れている。昆支の派遣を百済の内部抗争で敗れた王族の追放と見る見解もあるが、どのような立場であれ王族を倭国が受け入れたことは、倭国と百済の間に何らかの外交的合意があったことが想定される。

その背景には四五五年の毗有王の死去と運命の王、蓋鹵王の即位があった。倭国に対する百済の外交は再び転回する。協力関係にあったとはいえ、毗有王の外交が消極的であったことは間違いない。それに比べて蓋鹵王は積極的に友好関係を構築しようとしている。その一環で王族を派遣することは十分にあり得る。蓋鹵王は新羅との同盟とともに、倭国との関係を再強化して高句麗と対決する方針を定めたのである。

百済にとって新羅との同盟は高句麗に対するものであり、倭国に向けられるものではなかった。便宜を図っていたとはいえ、毗有王の時代は停滞気味であったことは否めない。しかし、倭国と百済の連携はここに復活したのである。ただ、百済にとって高句麗対策で連携しているはずの新羅と倭国の対立は、百済を難しい立場に追い込むことになった。

四六二年、興の登場

宋では文帝暗殺後の混乱を収束させて即位した孝武帝の時代になっても皇族の反乱が相次ぎ、国の弱体化に拍車がかかった。そうしたなか四六二年に倭国の使者が宋にやってきた。ただ、このときの派遣は通例と異なるものであった。済の「世子《せいし》」と称する興が、済の死去を伝えたのである。済は二〇年弱にわたって倭国に君臨していたことになる。

興の使節の目的は倭国王済の死去の通知と新王としての冊封を要請するものと見なしてよい。それだけであれば、珍や済の一回目の遣使と何ら変わるところはない。

注目すべきは派遣してきたときの興の立場である。倭国王の世子として派遣してきている。珍や済との違いを比べてみよう。珍のときは「讃が死に、弟の珍が立った。遣使して貢献してきた」とあり、国内で即位してから派遣した。済のときも「倭国王済が遣使して奉献してきた」とあり、派遣時点で倭国王を名乗っている。つまり、珍や済の最初の派遣は、彼らがすでに倭国における王として即位した後のことであり、そのうえで宋によって正式に倭国王に冊封された。ところが興は、世子として王を名乗らないまま遣使してきているのである。

世子とは元来諸侯の後継ぎという意味である。古くは天子の後継ぎを意味したが、いつからか天子の後継ぎは太子、諸侯の後継ぎは世子と区別されるようになった。宋の時代には、武帝が東晋恭帝《きょうてい》から禅譲を受ける直前に皇帝と同格の扱いになることを許されるが、その際に王妃を王后と呼び、世子を太子と呼ぶことを認められている。このように東晋末期には太子と世子は制度的に明確に区別されていたことがわかる。

世子について周辺国の実例を見ておくと、宋は四三〇年に北涼の沮渠蒙遜《そきょもうそん》の子を河西王世子に任じている。また、四三九年に吐谷渾《とよくこん》（チベット青海《せいかい》地方の遊牧民族）の族長を河南王に封じたとき、その庶長子を撫軍将軍に、嫡子を河南王世子に任命したとある。こうした例を見ると、宋は諸国の王の冊封の他に後継ぎも世子という立場に任命していたことがわかる。

ただし、すべての世子について同じように考えていいわけではない。北涼の例についていえば、宋から世子任命以前に四二三年に沮渠蒙遜が子を世子にした。これは宋からの叙任とは別に沮渠蒙遜が後継ぎを定めたことを意味する。要するに世子には周辺国が自ら定めた後継ぎを指す用例と、その後継ぎを宋が正式に認定して某王世子に任命する場合があった。

では、東アジアではどうか。少しさかのぼるが東晋のときの百済についての事例がある。『晋書』本紀太元一一年（三八六）四月に餘暉《よき》が百済王世子として使者を派遣し、使持節・都督・鎮東将軍・百済王に任命されたケースである。

餘暉は辰斯王《しんしおう》のことだが、その即位は順当なものではなかった。三八四年に近仇首王《きんきゅうしゅおう》が死去すると、長子の枕流王《ちんりゅうおう》が即位する。しかし、枕流王も翌三八五年一一月に死去する。『三国史記』には枕流王の長子である阿莘《あしん》が幼かったので、叔父にあたる近仇首王の次男である辰斯王が即位したと事情を記している。ところが、『日本書紀』では阿花（阿莘）が幼かったために辰斯が王位を奪ったとはっきり記している。これに則《のっと》れば辰斯王の即位は政治的にイレギュラーなものであったことになる。実際、『三国史記』も阿莘のことを枕流王の太子と記しており、辰斯が百済王世子であったという『晋書』の記述と矛盾する。状況から考えて辰斯が百済王世子だったことには疑問が残る。

辰斯王をめぐる世子についての解釈としては次の通りとなろう。近仇首王が死去し新王として枕流王が即位すると、息子の阿莘が世子（『三国史記』では「太子」とする）に立てられた。ところが枕流王もすぐに死去し、幼い阿莘の即位は見送られ、叔父の辰斯王が即位した。王位簒奪《さんだつ》が事実かどうかははっきりしないが、辰斯王の即位は予定外のことであり、王としての立場が不安定であったことは間違いないだろう。

そこで辰斯は自らを枕流王の後継者として百済王世子の名目で三八六年に東晋に遣使した。その冊封を受けることで東晋の権威を身にまとい、自身の権力基盤を強化したうえで即位したのである。

済から興への王位継承には何があったか

話を興に戻す。興は宋に対して珍や済のようにすでに即位したとはいわず、世子の立場で派遣した。これは動かない事実である。

この世子については、三通りの解釈ができる。第一にすでに宋から倭国王世子の地位を認められていた、第二に済が興を後継者として独自に定めていた、第三に興は後継者ではなかったが宋への遣使では世子を自称した、である。

これを考える手がかりとしては、宋の孝武帝が興に発した詔がある。

> 倭王世子興は代々忠義を重ね、藩屛《はんぺい》の臣として海外におり、皇帝の教化を受けて国を治め、忝《かたじけな》くも朝貢を修め、新たに王位を継ごうとする。ここに爵号を授けて、安東将軍・倭国王とする。

この詔の冒頭に「倭王世子」とあるのが注目される。

某王世子の形式は興が宋から世子として認定された可能性を示しており、その場合には第一の解釈となる。ただし、宋が倭国に授けた王号は倭国王であって倭王ではない。宋が興を世子として認定していた場合は倭国王世子となるべきであり、そこに疑問が残る。むしろ興が「倭王世子」と名乗り、孝武帝がそれを承《う》けて詔にそのまま記したとも考えられる。

もう一つ、世子を名乗って派遣したこと自体が注目される。先ほど挙げたように辰斯王は百済王世子として即位していない段階で派遣していることを確認した。そうした事例を一般化すると、世子と称して使節を派遣する場合、その人物は即位にあたって何らかの事情を抱えており、中国に冊封されてからその権威を背景にして国内で即位するという手順を経ることがあった。何も問題がない場合、国内で即位してから宋に派遣し、冊封を受ければいいだけである。つまり興が世子を名乗って使節を派遣したことは、興は国内で即位が容易に認められない政治的事情を抱えこんでおり、そのような状況を打破するために宋に遣使したことを示唆している。

済から興への王位継承には何があったのだろうか。辰斯王同様、興が予定外の継承者であった可能性をうかがわせる。そこで「世子」という済と興の関係についてもう少し見てみよう。

興の次に宋に使節を派遣した武について、『宋書』倭国伝は興の弟と記している。また武の上表文には、武が済を「亡考」（亡父）と記すことから、興が済の子であったことは間違いない。しかし、血縁的に父子であることと政治的関係が良好かどうかは別問題である。骨肉相食《は》むという言葉もある。むしろなぜ興は宋に対して世子という政治的地位を示す一方で、済との父子関係を強調しなかったのかが問われる。このあたりに世子興の問題を解くカギがありそうだが、残念ながら信頼できる史料はない。

珍・済・興の王権

珍から済へ、そして興へ、五王の地位は継承された。

彼らは、讃が宋から授かった安東将軍・倭国王を連綿と引き継いだ。そのなかで済は使持節都督……六国諸軍事の承認を得たという点で倭国の国際的地位を高めたといえる。高句麗・百済に対して東アジアの国際関係への参入が後発であった倭国は、このときようやく官爵が両国に引けを取らないレベルに達したといえるであろう。

しかし、それは倭国の権力が順調に伸びていったことを意味しない。

従来からいわれているように、珍から済への王位継承は王統そのものの移動が想定される。親子であるはずの済と興の継承も不穏なものであった可能性が見え隠れする。

宋からの倭国王冊封は問題なく行われているが、それは国内での王位継承が問題なかったことを意味しない。当時の王位継承は近親で後継者が事前に定められ、安定的に実現するようなものではなかった。前王との血縁関係の遠近にかかわらず、周囲にとって倭国の利益を実現できるかどうかが問われた。そのため王位継承は常に不安定であり、近親間であってもそれは熾烈な争いにならざるを得なかったのである。

第3章　倭王武の目指したもの——激動の東アジアのなかで

五世紀の不安定な国際関係は後半に入ってさらに大きなうねりとなり、東アジア全体に影響を及ぼすようになる。それは倭国にとっても大きな外交的課題であった。

五王の最後である武は、それに対してどのように臨んだのであろうか。讃以来の倭国の東アジア外交の蓄積は武が宋に送った上表文に結実する。上表文は五王の作り上げてきた権力の総決算であり、その分析は五世紀の倭王権を考えるうえで不可欠である。そのことに留意しながら武の動向を論じたい。

1　四七八年の武の遣使——宋の低迷、高句麗への対抗

高句麗の南下再開

興が使者を派遣した四六二年頃、東アジア諸国の関係は微妙な均衡のうえに成り立っていた。だがそれも長くは続かなかった。

宋では北魏に対する劣勢が急速に表面化した。四六三年にそのような退潮を食い止めるため、高句麗をさらに自陣営に組み込もうとして長寿王の官爵を上昇させる。車騎《しゃき》大将軍・開《かい》府儀同三司《ふぎどうさんし》に任じたのである。開府儀同三司とは、文字通り府を開く際にその儀（待遇）を三司（司徒《しと》・大尉《たいい》・司空《しくう》。宰相の地位）と同じくするということであり、高句麗は名目的に最高の待遇になった。宋朝を通じてこの待遇を受けた国は、仇池《きゅうち》（四二〇年承認）、北涼《ほくりょう》（四二一年任命）、吐谷渾《とよくこん》（四五四年任命）、そして高句麗の四国のみである。宋は高句麗にそのような処遇をしなければならないほど窮しつつあった。

しかし、長寿王はそうした宋に対して冷ややかであった。四六〇年代には3-2のように、むしろ北魏に頻繁に遣使している。特に四六〇年代後半に入ると、毎年の派遣が常態化する。北魏の勢威が増すのを警戒していたためである。

高句麗のねらいは西方の北魏との関係を安定化させたうえで、朝鮮半島南下政策を推し進めることである。高句麗にとって対処すべき当座の外交課題は新羅であった。新羅が対決姿勢を強めるのに対して、四六八年に高句麗は国境地帯の悉直《しっちょく》を襲撃している。新羅にとって高句麗の本格的南下は深刻な事態であり、それを防ぐために高句麗との国境にあたる何瑟《かしつ》羅《ら》に築城している。四七〇年にも半島中央部に三年山城《さんねんさんじょう》を築いて防衛体制を強化した。

高句麗の新羅攻撃は、新羅と同盟を組んでいる百済にとっても大きな出来事であった。百

3－1　5世紀の東アジア

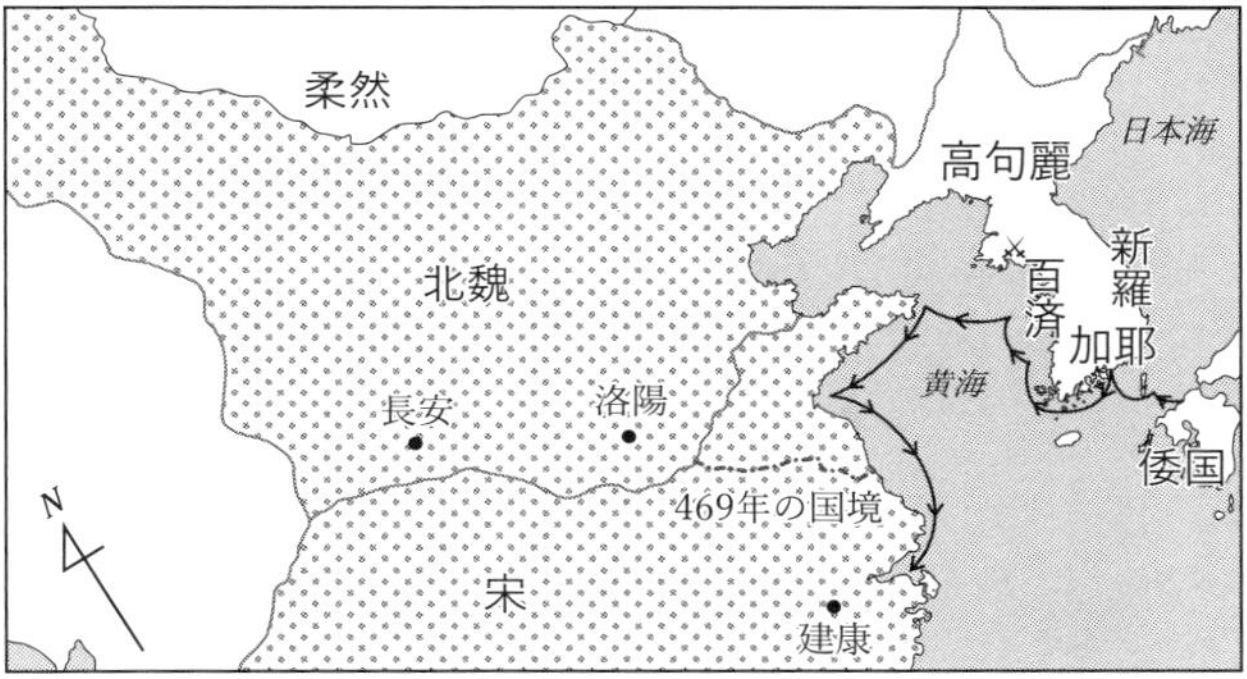

3－2　460～475年の諸国の遣使状況

	高句麗		百済		倭国
	北魏	宋	北魏	宋	宋
460					○
461	○	○			
462					○
463		△			
464					
465	○				
466					
467	②	○		○	
468	○				
469	○				
470	○	○			
471				○	
472	②	○	○		
473	②				
474	②				
475	百済王都陥落				

註記：②は１年に２回の派遣を示す．△は中国からの叙任で派遣は確認できない

済は四六九年に高句麗との国境地帯を攻撃している。新羅侵攻への牽制であり、百済と新羅が高句麗に対して連携した行動を取っていることが見て取れる。この頃、百済と高句麗の対立は先鋭化していった。おそらく他にも軍事衝突があっただろう。おそらくというのは、蓋《こう》鹵《ろ》王《おう》のときの記録は元年にあたる四五五年から四六七年までの一三年間が欠落しているからである。

大陸でも動きがあった。四六〇年代半ばから北魏は宋への侵攻を再開し、四六九年に山東半島を占領した（川本芳昭）。朝鮮半島から見て大陸への出入り口にあたる山東半島の領有がついに北魏に移ったのである。大陸の情勢は明らかに北魏が優勢になりつつあった。その影響はすぐに表れた。高句麗は北魏への傾斜をさらに強めた。四七二年以降、ほぼ一年に二度朝貢使を派遣している。それは百済・新羅への南下の際に北魏の介入を招かないための布石であった。

百済の北魏接近

宋との外交を重視していた百済にとって、北魏の膨張と山東半島奪取は大きな衝撃であった。しかし、高句麗の攻勢が強まるなかで、宋にばかり期待を寄せている状況ではなくなっていた。四七二年、蓋鹵王は一つの決断をする。北魏への朝貢である。

百済にとって高句麗と境を接している北魏は、劣勢化した形勢を逆転させることができる唯一の国であった。高句麗の南下に対して不利な状況を覆せない蓋鹵王は、北魏の出兵に一縷《いちる》の望みを託した。私署冠軍将軍・駙馬都尉《ふばとい》・弗斯侯《ふっし》・長史餘礼と龍驤将軍・帯方太守・司馬張茂を派遣し、上表文を奉呈して窮状を訴えた。北魏から冊封を受けていないため、蓋鹵王が私的に任命したことを示す「私署」を名乗らせた。

使者について見てみると、餘礼はその姓から百済王族であると見なしてよい。弗斯侯という侯爵号を帯していることもそうした推測を補強する。一方、太守に任じられている張茂は百済が取り込んだ漢人遺民であり、外交の実務を担った。百済王族が府官というのは第1章の説明と食い違うが、交渉内容の重要性に鑑みてあえて王族を府官として派遣し、北魏を重視していることを強調しようとしたと推測される。

北魏への上表文には高句麗との抗争の歴史が述べられている。北魏に出兵を請うために誇張しているところも多々あるだろうが、当時の百済の情勢認識を知るうえでは貴重な史料である。その要点を挙げると次のようになる。

・古くは高句麗の故国原王《ここくげんおう》を撃破して獄門にかけたこともあったが、この三〇年は徐々に劣勢に追い込まれている。

・高句麗は宋や北方民族の柔然《じゅうぜん》と通好して北魏に害をなそうとしている。
・高句麗は四四〇年に北魏から百済への使節を妨害して殺した。証拠もあるので提出する。

この内容から、毗有王《ひゆうおう》の時代の四四〇年頃から高句麗との抗争が激化していると百済は主張している。そして、高句麗を叛服常無《はんぷくつねな》い国として弾劾し、討伐の必要性を強調したのである。

百済の敗北、蓋鹵王の処刑

しかし北魏は動かなかった。北魏の使者を殺した証拠として提出された鞍《くら》は北魏のものではないとして退けられた。これまでの高句麗の言動に討伐に至るほどの問題はないとして出兵は見送られた。明らかに高句麗の北魏重視外交が功を奏したといえる。絶望した蓋鹵王は再び北魏に朝貢することはなかった。

もちろん百済は北魏だけを動かそうとしていたわけではない。四六七年、四七一年には宋に使節を派遣している。しかし、簡単な派遣の記録だけが残されるのみである。

この間の倭国の動向はわからない。蓋鹵王の弟の昆支《こんき》が倭国に駐在しており、両国を取り持つ役割を果たしていたであろう。しかし、百済が倭国に援助を要請した形跡はないし、倭国も百済救援のために動いた史料的痕跡はない。

四七五年九月、高句麗の長寿王は百済から逃亡してきた再曽桀婁《さいそうけつる》と古尓万年《こにまんねん》を将として、三万の兵で百済の王都漢城を攻撃した。百済は高句麗との三〇年の抗争で疲弊していた。高句麗の調略によって大規模な土木工事を行い、人民が困窮していたともいう。蓋鹵王は王族の文周《ぶんしゅう》を、同盟を結んでいる新羅に派遣して援軍を要請した。ただ、王は死を覚悟しており、文周を逃すことで百済復興を期するための処置でもあった。

漢城は七日間持ちこたえた。この日数は『日本書紀』と『三国史記』で一致しており、事実だろう。新羅は文周の求めに応じて軍を出動させたが、間に合わなかった。七日目に漢城は落城する。

蓋鹵王は城から脱出しようとした際に捕らえられ、処刑された。后や残った王子もともに殺された。長寿王は故国原王の仇をついに雪《すす》いだ。高句麗が悲願を達成した瞬間であった。

武の登場——新しい官爵要求

百済は難を逃れた王族の文周を王として国の立て直しを迫られた。それに対して倭国は、蓋鹵王が殺された直後、百済を支援する動きをはっきりとは見せていない。当時の倭国の外交活動は宋への使節派遣として現れる。

『宋書』本紀には、四七七年に「冬十一月己酉《きゆう》、倭国が使者を遣わして方物を献じた」とある。

さらに、翌四七八年の『宋書』本紀には「五月戊午《ぼご》、倭国王武が使者を遣わして方物を献じた。武を安東大将軍に任命した」とする。また、『宋書』倭国伝には、「興が死に、弟の武が即位した。使持節・都督倭百済新羅任那加羅秦韓慕韓七国諸軍事・安東大将軍・倭国王を自称した」とある。興が死んで武が即位し、四七八年に冊封を求めて使者を派遣してきたことが記されている。

これらの記事は実は大きな問題を孕《はら》んでいる。それは武の登場がいつであるかという問題である。これについては後述する。その前に、武は遣使で何を得たのかを見ておきたい。四七八年の派遣は武によることがはっきりしているが、武は官爵を自称し、それを認められて冊封を受けている。これまでの五王も最初の派遣で官爵を授かっており、宋の武への対応はそれ以前と特段変わってはいない。ただし、授与された官爵に変化が見える。

このとき武の要求した官爵を見ると、その目的は明確である。済や興の爵号と比べてみよう。済は当初、安東将軍・倭国王、昇格して使持節・都督倭新羅任那加羅秦韓慕韓六国諸軍事・安東将軍・倭国王であった。興は安東将軍・倭国王である。

まず武が要請した官爵のうち、倭国王はこれまでと変わらない。しかし、将軍号については武は安東大将軍を自称している。それまで即位の際の要請は安東将軍である。武が一段上の将軍号を明確に意識していることが見て取れる。

使持節・都督倭百済新羅任那加羅秦韓慕韓七国諸軍事については、済が宋から承認された六国に加えて、済が宋から認められなかった百済を再び加えている。四七五年以来、劣勢に陥っている百済の軍権も獲得しようとしている。さらに、これまで要求していなかった開府儀同三司をも正式に認められることを願っている。先述のように、宋は四六三年に高句麗に開府儀同三司を授けており、それに対抗した措置である。

百済との序列意識から高句麗への対抗意識へ

珍の官爵要求は百済王の官爵を意識していたことは前章で述べた通りであるが、これに対して武の視線はむしろ高句麗を見据えている。五王の官爵に対する意義付けは、同盟関係のなかでの序列意識から抗争相手との対抗へと変化している。

武の要求に対して宋が認めた官爵は、使持節・都督倭新羅任那加羅秦韓慕韓六国諸軍事・安東大将軍・倭王であった。百済の軍権は認められなかった。

都が落城し蓋鹵王が殺されたとはいえ、難を逃れ即位した文周王が立て直しを図っていた。

宋に蓋鹵王殺害後の情勢がどこまで伝わっていたか定かではないが、軽々しく軍権を倭国に授与するようなことはしなかった。また、開府儀同三司も認めなかった。それは宋の朝廷で最上位の爵号であり、かつ高句麗を利用したい宋としては武への叙爵によって高句麗を刺激することを避けたのであろう。

しかし、倭国の要請を認めたところもある。安東大将軍である。また、武は要請しなかったが、倭国王ではなく倭王に任命している。第1章で記したように、この二つについては昇格させた。大将軍への昇進を認め、さらに外臣として宋にとって利用価値があるものとして倭王にした。

宋は、武に対してアメとムチを使い分けながら官爵を授与した。前代の授与官爵に比べて着実に昇進していることは確かである。しかし、武にとって十分に納得のいく成果ではなかったであろう。それは、高句麗に対して後れを取っていることからも明らかである。

四七七年は誰が派遣したのか

四七八年の武の遣使の目的はそれまでと同じように、冊封を受けて官爵を授かることであった。その目的は最低限達したといえる。そこで問題になるのが前年の遣使である。

四七七年は「倭国」と記すだけであり、王の名が明らかではない。四七八年の派遣が武であることは間違いないが、このときの派遣が武か否か、はっきりしない。

派遣の頻度という点でも異例である。四七七年の前の遣使は、四六二年の興による冊封要請の使者であった。それから一五年もの間、倭国は宋との外交を行っていなかったことになる。

3-3を見るとわかるように、五王の使節派遣のなかでもっとも間が空いている期間である。その一方で、四七七年、四七八年と立て続けに派遣している。一五年の間隔も連年の遣使もいずれも倭国の外交としては異例である。倭国内で何らかの問題が生じていた可能性がある。

それでは四七七年の遣使をどのように捉えればよいのか。この点をめぐって研究上でも見解が割れている。

第一に、四七七年の派遣記録は史料のミスであり実際にはなかった（鈴木英夫）。第二に四七七年と四七八年は同じ使者であり、武が派遣した（廣瀬憲雄）。第三に、武は四七七年、四七八年の

3-3　倭の五王の外交頻度

西暦	宋年号	派遣主体	出典
421	永初２	讃	倭国伝
425	元嘉２	讃	倭国伝
430	元嘉７		文帝紀
438	元嘉15	珍	文帝紀
443	元嘉20	済	倭国伝
451	元嘉28	済	文帝紀
460	大明４		孝武帝紀
462	大明６	興	孝武帝紀・倭国伝
477	昇明元		順帝紀
478	昇明２	武	順帝紀

註記：派遣主体の空欄は史料に明記されていないことを示す

二回、別個に使者を派遣した（横山貞裕、前之園亮一）。第四に、四七七年は興、四七八年は武による派遣（坂元義種）である。考えられる可能性はこれまでの研究ですべて挙がっている。それではいったいいずれが正しいのだろうか。

結論から先にいうと、筆者は第四の説である四七七年に興、四七八年に武が派遣したと考える。各説の問題点を検証する。

第一の四七七年の派遣は史料上のミスで実際には派遣されていないという説である。四七七年の記事は「十一月己酉」（乙酉《いつゆう》の間違い、後述）という日付まで明記されており、具体的な記録に拠《よ》っていることが明らかである。史料を整合的に解釈できないから史料自体を否定するのは、史料に立脚して歴史を考える歴史学の立場からすると、学問そのものを否定しかねない。すべての史料が歴史事実を語っているとはいわないが、それが史実ではないとするならば、少なくともなぜそのような誤りが生じたのか説明する必要がある。

第二の四七七年と四七八年を同一の遣使とする説はどうか。この説は使者が宋に七ヵ月以上滞在しており、最初に到来したときの記録と皇帝に謁見したときの記録が両方とも『宋書』の本紀と倭国伝に採用されたと見なすものである。具体的で説得力に富むが、問題点もある。細かくなるが重要なので論じておきたい。

まず四七七年も四七八年も、いずれの記事も「方物を献ず」とはっきり記している。その日付は宋が献上された贈り物を受け取った日ということになる。

日付について見てみると、四七七年の「十一月己酉」は一一月二九日にあたるがこれは誤りである。『宋書』本紀は己酉（二九日）の後に丙午（二六日）となり不自然だからである。唐代に作られた南朝の地方志である『建康実録』には乙酉（五日）とあり、これを正しいと見なすべきであろう。おそらく「乙酉」を書き間違え、それが定着してしまったのである。ただし、日付まで記された細かい記録があったことは間違いない。

これに対して四七八年には「五月戊午」である。戊午日は一二日にあたる。こちらもやはり「使を遣わして方物を献ず。武を以て安東大将軍と為す」と続く。四七八年の記録は贈り物を受け取ったことと武に対する叙任の二つが記されている。外交儀礼は外交使節が皇帝に謁見し、その場で献上品が正式に受納され、さらに皇帝から褒賞が下される。そうした儀礼の流れからすると、方物献上と叙任はいずれも同日のことと見なして差し支えない。

要するに四七七年と四七八年を同一の遣使と考えた場合、方物献上が異なる日付で二回繰り返されていることになる。日付まで記録が残っていることからすれば、それは根拠のある記録である。また、一回の貢物献上が誤って二回記録されたとも考えにくい。四七七年の一一月に戊午日はない、逆に四七八年五月に乙酉日は存在しない。また帰国しようとしてうまくいかず戻ってきたと考えるにしても再び貢物を献上したことになり、これは明らかにおかしい。つまり、四七七年一一月の倭国使と四七八年五月の倭国使は同一のものではないと考えられる。

なぜ間隔は半年しかなかったのか

第三の四七七年、四七八年の二回武が派遣したという説について考えてみる。武の倭王任命の流れを見てみると、武は「倭国王」を自称して遣使し、宋は武を「倭王」に任命した。四七八年の『宋書』本紀には「倭国王武」と記している。武への倭王冊封は四七八年五月の方物献上と安東大将軍任命と同時であったと考えられる。すなわち、四七七年の派遣では冊封されていないのであり、それは武ではない。

また、武が四七八年に初めて官爵を授けられた安東大将軍叙任も分析材料となる。『宋書』は最初に任命するときには「為」、昇進させるときには「進」と記して使い分けている。四七八年の叙任は「為」と記されており、明らかに最初の任命である。仮に武が四七七年に最初に派遣したとするならば、なぜ四七七年には叙任されなかったのか、という疑問が生まれる。

宋は武が初めて派遣した際に何の官爵も授けなかったことはあり得るのか。先行する四王と比べてみよう。

讃・珍・済・興はいずれも最初の派遣で官爵を授かっている。武だけ叙任が見送られて冷遇される理由は見当たらない。宋がむしろ武を厚遇していることは先述の通りである。

このように見ると、四七七年の遣使は武ではないと考えたほうがよい。第三の説は成立しない。武は四七八年に初めて宋に派遣して官爵を授かったのである。『宋書』倭国伝の、興が死んで武が官爵を自称して派遣し、宋は官爵を授けたという記録も整合的に理解できる。

では、なぜ到来の間隔が半年しかなかったのか。それは倭国の状況をうかがう手がかりになる。倭国の一五年ぶりの派遣は、状況から見て百済滅亡に関連して高句麗との対決を訴えるものであった可能性が高い。しかし、王は急死し、武が新たに即位して宋に遣使したのである。

2　武による宋皇帝への上表文

上表文が描いた五世紀後半の世界

武は遣使にあたって長い上表文を宋の皇帝宛に送っている。『宋書』倭国伝によって伝えられているが、それは五世紀後半の国際情勢を考えるうえで見過ごせない重要な史料である。訓読と現代語訳を両方挙げて正確な理解を期したい。

封国《ほうこく》は偏遠《へんえん》にして藩を外に作《な》す。昔より祖禰《そでい》、躬《みずか》ら甲冑《かっちゅう》を擐《つらぬ》き、山川を跋渉《ばっしょう》し、寧処《ねいしょ》に遑《いとま》あらず。東のかた毛人五十五国を征し、西のかた衆夷六十六国を服し、渡りて海北九十五国を平らぐ。王道は融泰《ゆうたい》にして、土を廓《ひら》き畿を遐《はる》かにす。累葉朝宗して歳《さい》を愆《あやま》たず。臣、下愚と雖《いえど》も、忝《かたじけ》なくも先緒を胤《つ》ぎ、統《す》ぶる所を駆率《くそつ》し、天極に帰崇す。道は百済を逕《へ》て、船舫《せんぼう》を装治す。而《しか》るに句驪《くり》無道にして、図りて見呑《げんどん》せんと欲し、辺隷《へんれい》を掠抄《りゃくしょう》し、虔劉《けんりゅう》すること已《や》まず。毎《つね》に稽滞《けいたい》を致し、以《もっ》て良風を失う。路を進むと曰《い》うと雖も、或いは通じ或いは不なり。臣の亡考済、実に寇讎《こうしゅう》の天路を壅塞《ようさい》するを忿《いか》り、控《こう》弦《げん》百万、義声感激し、方《まさ》に大挙せんと欲す。奄《にわ》かに父兄を喪い、垂成《すいせい》の功をして一簣《いっき》を獲《え》ざらしむ。居《むな》しく諒闇《りょうあん》に在り、兵甲を動かさず、是《ここ》を以て偃息《えんそく》して未だ捷《か》たず。今に至るまで甲を練り兵を治め、父兄の志を申《の》べんと欲す。義士虎賁《こほん》、文武功を效《いた》し、白刃前に交わるも亦《ま》た顧《かえりみ》ざるところなり。若《も》し帝徳の覆載《ふくさい》を以て此《こ》の強敵を摧《くじ》かば、克《よ》く方難を靖《やす》んじ前功を替《す》つること無からん。窃《ひそ》かに自ら開府儀同三司を仮し、其の余は咸《ことごと》く各《おの》おの仮授し、以て忠節を勧めん。

【I】宋より封じられた倭国は遠くにあり、蕃国として海外にあります。昔から祖先は自ら甲冑を身につけて山や海を渡り歩き、休まることはありませんでした。東は毛人五五ヵ国を征伐し、西は多くの夷狄六六ヵ国を服属させ、海を渡って半島の九五ヵ国を安定させました。宋皇帝の王道は平安であり、その土地を拡げて都を遥かにしております。代々朝貢して、その期日を間違えることはありませんでした。臣（武）も愚かとはいえ、恐れながら王位を継ぎ、治めるところを率いて宋朝に心を寄せています。朝貢の道は百済を経由するものであり、船舶を整えております。

【Ⅱ】ところが高句麗は道理をわきまえず、周囲を併呑することを望み、辺境を侵略し人々を殺し続けています。そのため常に宋への朝貢が遅滞し、赴くための機会を失ってしまいました。使節が道を進んでも通じることもあれば通じないこともありました。亡父の済は、高句麗が宋への通路をふさいだことを怒り、弓兵百万はその正義に感激し、まさに大挙して攻撃しようとしていました。しかし、にわかに父兄が亡くなり、後少しでそれを成し遂げるところを達成できておりません。空しく服喪しており、軍を動かさずにおります。

【Ⅲ】そのため軍を止めており、高句麗を破ることを果たせておりません。いままで兵を訓練しており、父兄の志を実現したいところです。正義の軍は文武に功を成し遂げんとし、白刃を目前で交えることも厭《いと》いません。もし皇帝陛下の恩徳で強敵高句麗を倒すことができれば、危機を安んじたものとして前功を無にすることはありません。

【Ⅳ】ひそかに自分には開府儀同三司を仮授し、他の者どもにも全員にそれぞれ仮授しており、忠節を促しております。

この上表文は当時の倭国を取り巻く状況を記す貴重な史料である。内容は多岐にわたり多くの情報を含むが、それゆえに理解が困難なところがある。その解釈をめぐってさまざまな意見が出されてきた。この上表文の構成とねらいについて考えてみよう。

現代語訳は内容を構成に沿って四つに分けた。上表文の流れとしては、まずⅠでこれまでの倭国が宋から冊封を受けて忠節を尽くしており、その関係は武の即位に至るまで良好なものであったことを強調する。

Ⅱでは高句麗が朝鮮半島を侵略したため外交使節の派遣が滞りがちになり、宋への朝貢に問題が生じたことを訴える。高句麗に対して倭国が兵を発する計画があったことを述べ、しかし、済・興の死により果たせないでいることを釈明する。

Ⅲでは現在の状況を説明し、宋に対して高句麗を討つべきことを再度主張する。そして、Ⅳで武が倭国内に官爵を仮授して目的を果たさんとしていることを伝える。明記はしていないが、『宋書』倭国伝に上表文を収録する際に省略されたのであろう。仮授官爵の正式な承認を求める文章が続いていたと考えられる。

上表文から見える興の死、対高句麗の意図

先述のように、興の死後に武が即位して派遣してきたことは間違いない。そして、四七七年の遣使は武のものとは考えがたい。上表文にはそれを示す王位継承と関わる箇所がある。興の死と武の即位を考えるうえで見過ごせないものである。それは「居しく諒闇に在り」という文言である。

諒闇とは、服喪中という意味である。儒教の規範である礼は家族の序列を重視する。家族の年長者が亡くなったときは序列に従って喪に服する必要があった。『白虎通《びゃっこつう》』という後漢代の経典によれば、父には三年、兄であれば一年の服喪が妥当なところである。

四六二年に興が派遣しており、武がそれ以前に死んだ済の喪に服しているとは考えがたい。上表文で述べるところの諒闇とは、兄の興に対する服喪と理解するのが妥当であろう。

ところが、上表文には「奄かに父兄を喪い」という一文がある。ここから済と興が立て続

けに死んだと解釈し、興の在位は数年程度であり、そののち武が即位したという理解が多々見られる。そうであるとすれば、諒闇であるという記述と矛盾することになる。しかし、この理解では外交的問題で支障をきたす。武は即位後、すぐに宋に派遣しようとしなかったということになる。

ここで、倭の五王の宋に対する使節派遣の目的について振り返っておこう。それは王自身が冊封を受けて官爵を授かることである。また王族・豪族の官爵も推薦して授与されることによって王としての権威を高めた。さらに将軍の地位に基づいて府官を任命し、統治組織の整備を図った。

これに対し、武の時代になって中国の権威から離脱し始めたという説がある。しかし、その議論は朝鮮半島との関係を見落としている。倭の五王の中国官爵は単に倭国内でのみ意味を持つものではない。高句麗や百済との東アジアにおける競合のなかで自国の地位を高めるという目的があった。五王たちは百済や高句麗の官爵を意識して、それに匹敵する官爵を求め続けた。武が百済や高句麗との序列競争をやめない以上、国内支配で不要になったから派遣しなくなるものではない。武は高句麗との対抗を意識しており、即位したらすぐに宋に冊封を要請する使節を派遣せざるを得ないのである。

すなわち「奄かに父兄を喪い」とは、興が直前に死んだことを意味する。四七七年の派遣が興であるとすれば、その出立の直後に興が死んだと推定できる。

それによって二年続けて、厳密には半年後の遣使という異例の事態も理解できる。すなわち、興が外交使節を派遣した直後に何らかの事情で死去してしまい、新王として即位した武は宋から冊封される必要があるため早急に派遣する必要に迫られたため、興が派遣した使者が帰国しないうちに続けざまに派遣したのである。

興が冊封を受けた後、一五年間外交をしなかった理由はわからない。それは興の即位事情と絡んでいる可能性もあろう。ただ、百済の一時的な滅亡という国際情勢はそのような倭国内の状況を吹き飛ばす衝撃であった。それが四七七年の派遣につながったのである。しかし、興は急死した。

一時的とはいえ百済滅亡という情勢下で、新王の武も派遣を急がざるを得なかった。高句麗が百済に勝ったことで、高句麗の南下が本格化するおそれがあった。鉄を朝鮮半島南部に依存する倭国にとって、四世紀末の苦い経験が蘇ることになる。高句麗の南下を押しとどめ、百済や加耶からの安定的な鉄の供給を維持する必要がある。しかし、百済の凋落は甚だしい。その状況を倭国に有利に導くためには、武が朝鮮半島南部の七国の軍権を宋から承認され、高句麗との対決に備える必要があった。言い換えれば、四七八年の遣使で武は冊封を受けると同時に、高句麗と戦うことを宋に認めてもらう必要があったのである。

高句麗征討計画の真偽

上表文は高句麗との対決を大きな主題としている。それは武だけの問題ではなく、五王歴代の外交的課題であったことを強調している。

その一環として、済のときから高句麗に対する征討計画があったと述べている。だがこの計画は本当にあったのだろうか。上表文以前に倭国から高句麗への軍事行動は起こしていない。武も実行していない。倭の五王の時代に高句麗と戦争した史実はない。この問題をめぐっては、計画を認める立場（鈴木英夫）と懐疑的な立場（熊谷公男）で見解が分かれている。ただし、ここで問題とすべきは、実行する意思があったか否かである。

上表文の内容から考えてみよう。済の時代に高句麗征討計画があったという。済の時代の倭国と高句麗の動向について振り返ってみよう。

長寿王の時代になってから高句麗が百済と直接衝突した記録は、それほど多くない。朝鮮半島の軍事衝突として確認できるのは、四五四年と四六八年の高句麗による新羅攻撃と、四六九年の百済の高句麗攻撃である。前者は新羅の自立行動に対する牽制であり、後者は同盟を結んだ新羅への救援的性質である。

先述のように百済が北魏に送った文書に、高句麗が南下して百済を襲っていることを述べているが、それに対応する史料は確認できない。もちろん記録されていないからといって高句麗と百済の戦争がなかったとはいえない。ただし、北魏への上表文での百済の主張が北魏の出兵を引き出すために高句麗をことさらに暴虐であると強調しているように、事実を針小棒大に記している可能性もある。

武の上表文では高句麗のために済が「寇讎の天路を壅塞するを忿り（高句麗が宋へのルートをふさいだことを怒り）」、高句麗攻撃を画策したとする。だが、少なくとも済が倭国王であったと推定される四四三～四六二年に、高句麗が倭国の遣使を阻害するような軍事行動をとっていた形跡はない。それに対して四七五年、百済の漢城失陥直後に、この一文とそっくりの出来事が起こる。

三月、使を遣わして宋に謁見しようとした。高句麗が路をふさぎ、宋にたどり着くことができず戻った。（『三国史記』文周王二年）

これは『三国史記』の記事である。百済の文周王が四七六年に窮状を訴えるために宋に使者を派遣しようとしたところ、高句麗の妨害によって断念せざるを得なかったという内容である。この派遣には倭国も関与していた可能性がある。

翌四七七年に倭国に滞在していた百済の昆支《こんき》が帰国して、内臣佐平《ないしんさへい》という重職に任じられている。昆支の帰国には当然倭国が関与していたであろう。その帰国がいつなのかはっきりしないが、主だった百済王族が殺された四七五年の漢城落城以降であることは疑いない。四七七年に倭国が宋に到達したのは、百済の協力によって高句麗の妨害を排除できたからである。四七六年に百済の派遣が失敗し、翌年の倭国の派遣が成功したのは、倭国が百済の復興に介入したことの表れとも見える。

このように高句麗の外交妨害は四七六年の出来事として確認できる。逆に済の時代は、四四三年、四五一年、四六〇年にコンスタントに派遣しており、妨害が大きな問題になっていない。上表文のそれは、武が宋に対して高句麗への軍事行動を認めさせるための方便として、四七六年の高句麗の妨害を過去に投影して主張したと考えられる。

過去の改変と自己正当化

過去の出来事をねじ曲げて現在を正当化する行為は、倭国だけが行ったわけではない。高句麗では、広開土王碑が百済・新羅がもともと高句麗の属民であったというフィクションを語っていることは序章で述べた。本章の冒頭で見たように、百済も北魏への国書のなかで、高句麗が北魏の百済への外交使節を殺害したと糾弾したが、それは確実性が低い。

各国は自らの行動を必然的なものとして主張するためには、都合に合わせて過去を改変していたのである。

このように見ると、済による高句麗征討が現実の政策であったかという点については首をかしげざるを得ない。しかし、倭国が高句麗に対して軍事行動という選択肢を持っていなかったかというと、そうでもないだろう。

四六八年以降の高句麗と新羅・百済の抗争は、百済と結びつく倭国にも強い危機感をもたらした。高句麗の南下によって、鉄をめぐる倭国の権益が侵犯されることが予想されるからである。高句麗への軍事行動はこの時代には現実的な課題であった。

しかし、興は使持節・都督…六国諸軍事を授かっていない。それは対高句麗連合内で主導権が握れないことを意味する。なぜ興が諸軍事号を要求しなかったのか不明だが、政変によって即位した興の権力の脆弱性を示している可能性がある。また、四七七年に一五年ぶりに遣使したとすれば、それは百済の弱体化と関連すると見て間違いない。逆に武が最初の派遣で要求した官爵には、高句麗征討を現実的な課題として捉える認識が反映していた。

上表文の文化レベル

武の上表文からわかるのは当時の外交関係だけではない。上表文は東アジアの文化レベルをうかがう素材でもある。

四世紀から六世紀における中国の南北朝時代、特に南朝は六朝文学と呼ばれる文学が発達した。文学とは独立した文芸ではなく、政治と密接に結びついていた。文学を担う知識人が官僚として世に出るのが通例だったからである。逆にいえば、優れた文章を書く人物ほど官僚として評価された。

その文章は駢儷体《べんれいたい》と呼ばれ、四文字と六文字の語を並べ、対句表現のなかに美しさを追求する文体である。美文ともいう（福井佳夫）。いかに美しい文章で文書を書くか。それが当時の中国知識人の評価の基準であった。

外交文書も同じである。外交文書でいかに優れた文章を書くか、それは中国の周辺国にとって自国の文明が他国より優れたものであることを中国にアピールする重要な機会でもあった。各国は中国への外交文書を記すとき、他国に見劣りしない文章を書くという点で鎬《しのぎ》を削っていたのであり、上表文の提出はもう一つの〝戦場〟であった。

武の上表文は四文字の対句を基調として文章が構成されている（付録原文史料参照）。当時の文章のなかでも文学的に優れたものであり、中国で書かれた文章と比較しても遜色のないものとして評価されている。

単に文章が形式的に整っているだけではない。そこに用いられている文言の多くには出典がある。読み手が優れた知識人であればあるほど、文章を読みながらさまざまな典拠に基づいて書いていることを理解する。そのためには書き手も古典を詳しく読み込み、その文言を駆使する必要がある。

もちろん一つひとつの文言に出典など記されない。書き手と読み手は古典のどの箇所をふまえて文章を作成しているのか、互いにわかっているものとして文書をやり取りするのであり、それを実践することによって「文明国」として認められたのである。

出色の文書

上表文は中国古典の知識を土台として執筆されている。これまで判明している引用・改変箇所についていくつか挙げておこう。比較のために原文のまま挙げる。

「躬擐甲冑、跋渉山川」は、五経の一つである『春秋左氏伝《しゅんじゅうさしでん》』(儒教の経典) 成公《せいこう》一三年条に「躬擐甲冑、跋履山川」というほぼ一致するフレーズがある。しかも同書の襄公《じょうこう》二八年条には「跋渉山川」という語句があり、両者を組み合わせると上表文の文章ができあがる。

その次に出てくる「不遑寧処」は、やはり五経の一つである『詩経《しきょう》』国風《こくふう》にまったく同じ一文がある。「掠抄辺隷、虔劉不已」という文章は、やはり『春秋左氏伝』成公一三年に「虔劉我辺陲」とある。対句表現に修正されているが、同じ内容のフレーズである。他にも古典に出典を持つと考えられる語は、単語レベルでは多数に及ぶ（志水正司、田中史生）。また、参照されたのは古典ばかりではない。近い時代の知識人の作文も参照されていたと考えられる。たとえば東晋の桓沖《かんちゅう》が奉呈した上表文には「臣雖凡庸……請率所統」というフレーズがある。これは武の上表文の「臣雖下愚……駆率所統」という言い回しと同じである。

なお、桓沖の上表文では「偏遠」「寇讎」など武の上表文に用いられている単語も多く見られる。他にも、『後漢書』朱浮伝《しゅふでん》には「六国之時、其埶各盛、廓土数千里、勝兵将百万」とあり、「廓土」「百万」が近いところに配置されている一文を見ることができる。上表文の「廓土遐畿～控弦百万」というフレーズに影響している可能性がある。

上表文で古典の語句が用いられているとき、すべてが古典からの直接引用とは限らない。参照した近い時代の文章に古典を典拠とした語句が使用されており、それを二次的に孫引きすることによって、結果として引用しているように見えてしまうこともあり得る。ただ、いずれにせよ古典の語句を駆使して文章を作るという方法に沿って上表文が書かれたことは間違いないだろう。

上表文が高度な文章技術によって作文されていたとすると、五世紀の倭国で高い文化レベルの作文をできた人物がいたことになる。そのようなことが古墳時代の倭国にあり得ただろうか。実際、あまりの出来栄えのよさに上表文の作成をめぐって古くから倭国の作成か否か疑問視されてきた。

『宋書』の編者である沈約が『宋書』倭国伝に載せる際に手を加えたのではないかという説まで飛び出した（久米邦武）。しかし、東夷と蔑む異民族の外交文書に、わざわざ添削し文章を修正して歴史書に残すというのもおかしな話である。

そもそも倭国にも上表文を書ける人物はいた。それは府官に任命された渡来系の人々である。府官として倭の五王のもとで活躍した中国系人士は、倭国に住み着くようになっても学問的な知識を忘却することはなかった。府官たちは自らの持つ知識を総動員して外交文書を書いた。彼らにとって中国の学問をはじめとする知識はその地位を維持する武器である。そうした知識はどのようにして維持されていたのだろうか。

一つには、代々引き継がれてきた古典の知識がある。その主たる継承方法は書物を学ぶというかたちであっただろう。だが、四世紀以来朝鮮半島を流亡した彼らがどれほどの書物を持ち歩くことができただろうか。なかには書物だけではなく、口頭での暗唱のようなかたちで記憶された学問の継承もあったと推測される。

二つめに、府官らは外交使節として宋に赴き、中国で古典に接することができた。滞在期間中に学術的な知識を再確認することもあっただろう。あるいは古典などを獲得して倭国に持ち帰ったことも想像できる。文物を持ち帰ったのは遣唐使の時代だけではない。

三つめに、彼らが知識を得る機会は中国古典の読解だけではないことである。中国で入手した同時代の文章や、あるいは倭国に授与された宋の国書自体も府官にとってみれば貴重な文章の手本となった。

たとえば興が授かった国書はその冒頭に「奕世載忠、作藩外海」と記されている。いっぽう、武の上表文では「封国偏遠、作藩于外」と書き出している。「作藩外海」と「作藩于外」の類似性は偶然の一致と捉えるべきではない。宋の国書自体を足掛かりにして整った文章を作成していたと判断できる。

このように考えると、府官たちが手元にある資料で上表文を作ることは不可能ではない。五世紀の倭国に五経をはじめとした中国古典がどこまで揃《そろ》っていたのかは、残念ながらわからない。しかし、唯一『宋書』倭国伝に挙げられた上表文は、出色だからこそその文章は長文でありながらほぼ掲載された。府官たちの努力の結晶を簡単に、のちの時代の手直しがあったというべきではない。

さらに、上表文の作成から武の時代の政治体制をうかがうことができる。

当時の外交は外交文書を介して自国の主張を伝達した。それは讃の時代に曹達らによって実現した。その後も府官が倭王権の意を汲《く》んだ外交文書を作成し、中国に赴いて交渉を行った。武の上表文の文化レベルの高さは、少なくとも武の時代にも外交で活躍する府官という立場が政治的な意味を持っていたことが見て取れる。府官制の外交面での役割は讃の時代から変わっていないか、あるいはより整備されたシステムとして機能していた。それは言い換えれば、武の時代の倭国は、体制としても宋との外交を必要としていたことの表れでもあった。

東アジアの文化的同質性

上表文に見える文化レベルは倭国に限ったものではない。高句麗や百済も同様である。実例として『南斉書』百済伝に残されている、四九五年に百済が南斉に送った外交文書を挙げておこう。語句を分析するため読み下しを載せる。

Ⅰ　臣、昔より封《ほう》を受け、世朝栄を被り、忝《かたじけ》なくも節鉞《せつえつ》を荷《か》し、列辟《れつへき》に剋攘《こくじょう》す。姐瑾《しゃきん》等を往かしめ並びに光除を蒙り、臣庶咸《ことごと》く泰《やす》かなり。

Ⅱ　去る庚午《こうご》年、獫狁《けんいん》悛《つつし》むこと弗《な》く、兵を挙げて深く逼《せま》る。

Ⅲ　臣、沙法名等を遣わし軍を領して逆討せしめ、宵《よい》に襲い霆撃《ていげき》す。匈梨《きょうり》は張惶《ちょうこう》し、崩れること海蕩《かいとう》のごとし。奔に乗じて追斬し、僵尸《きょうし》は野を丹《あけ》にす。〔後略〕

Ⅳ　今、沙法名に行征虜将軍・邁羅王《まいらおう》、〔中略〕を仮す。伏して願わくは、天恩特に愍《あわれ》み、聴除せらんことを

列辟とは『逸周書《いっしゅうしょ》』（春秋戦国時代に作られたと推定される西周王朝の王の言行録）という書に見える語である。獫狁とは別名を犬戎《けんじゅう》といい、西周の時代の異民族である。西周が衰える原因の一つとなった。ここでは北魏を古い時代の異民族になぞらえている。匈梨は漢代の異民族の匈奴《きょうど》のことであり、獫狁と同じく北魏を異民族として蔑んで用いている。「野を丹にす（丹野）」は『後漢書』や『魏略《ぎりゃく》』（『魏志』以前に成立した魏の歴史書）に見える語で、血で大地が赤く染まることを指す。このように、百済の外交文書も中国の書籍を典拠としてその用語を駆使している。

武の上表文では五経など古典の語句が多用されているのに対して、百済の四九五年の外交文書では史書が典拠とされる傾向にある。しかし、中国で用いられる語句を選択して文章を作成している点は同じである。それは、両国とも中国文明を尊崇し学んでいることの表明である。

さらにいうなれば、「昔より（自昔）」など、表現も一致するところがある。それは中国の学術こそが東アジアにおける知識のスタンダードであり、それが政治的価値観として共有されていたからこそ、用語が一致したといえるだろう。

外交文書の類似性の意味

倭国と百済の外交文書の類似性は語句の問題にとどまらない。先に武の上表文を四つの段落に分けたが、Ⅰでは過去の南朝との関係を強調する。Ⅱで外交案件の発生について説明し、Ⅲで案件への対処について述べ、Ⅳで官爵の授与を要請している。

これは百済の外交文書でも同じである。読み下しに数字をふったが、構成がまったく一致する。つまり、外交文書を書くときにどのような文脈で文章を作り上げていくか、という点で倭国と百済は同じなのである。

それは、倭国と百済が中国文明の享受という点で同レベルであったこと、文章を作る人物も同じ階層であったことを示している。倭国では中国系渡来人の府官層であったが、百済でも府官が外交文書の作成に関わったと見て間違いないだろう。両者はいずれも中国系であり、出自を通じたネットワークを作っていた可能性もある。憶測をたくましくするならば、倭国と百済の外交で両国の府官層の交流があり、両者の知識レベルは定期的に同期されていたとも考えられる。

高句麗は倭国や百済と敵対しており、外交における知識の共有は想定できない。しかし、高句麗は楽浪郡・帯方郡を滅ぼし、また亡命中国人を古くから受け入れており、中国文明の摂取という点ではむしろ倭国・百済に先行していた。

七世紀の『周書』という史書に「〔高句麗に〕書籍は五経・三史〔史記・漢書・後漢書〕・三国志・晋陽秋《しんようしゅう》があった」と記されている。特に注目したいのが『晋陽秋』である。晋王朝（二六五～四二〇年）の歴史を記した書であり、東晋の孫盛《そんせい》という人物が執筆した。史書の執筆は政治的圧力を受けることにもなり、孫盛は前燕の皇帝にこの書を送った。そののち高句麗が入手した経緯を考えると、前燕との交渉や、前燕滅亡時に関係者が高句麗に亡命するなかで伝わったのだろう。高句麗は独自に中国文明とアクセスしてその書籍を入手していた。

このように見ると、倭王武の上表文は決して当時の文化レベルを逸脱したものではない。東アジアに中国文明が広がり、各国が政治的に協働、あるいは競合するなかで受容された結果、作り出されたものであった。

ただし、付け加えるならば、あくまでも中国との外交という場面で必要とされ起草されるものであり、国内の政治的シーンに現れるものではなかった。そういう意味では中国との外交に限られる限界もそこにはあった。

3　倭国の実態——上表文が示す権力構造

戦争はあったか——考古学が投じた疑問

武の上表文は事実をそのまま記したものではなく、目的に即して改変した。また、その文章表現は古典の文言を駆使したものであった。そのようななかにあって倭国の歴史認識として興味深い箇所がある。

東は毛人を征すること五十五国、西は衆夷を服すること六十六国、渡りて海北を平らぐること九十五国

武の先祖が列島を東西に駆けめぐり、倭王権に従わない夷狄を征服したという。ヤマト政権が日本列島を統一する過程について言及する、もっとも古い史料として注目されてきた。

ヤマト政権の勢力拡大といえば、記・紀には、初代神武天皇の東征から始まり、第10代崇神天皇のときに四方を征服するために派遣された四道将軍《しどうしょうぐん》の伝承が記されている。また、天皇に従わない東国のエミシや九州のクマソを打ち倒すべく東西に派遣されて征伐したとい

うヤマトタケルの伝承もすぐに思い出される。ヤマトタケルの伝説が上表文と酷似していることは誰しも認めるところであろう。

しかし、この一文も大きな問題を孕んでいる。近年、ヤマト政権を中核とする日本列島の諸勢力の統合について、大きな問題提起がされている。それは考古学的な立場からの分析として、古墳時代に列島社会で大きな戦争は確認できないという指摘である（下垣仁志）。

考古学の研究では戦争の有無を確認する指標として、防御集落、武器、殺傷人骨、武器の副葬、武器型祭器、戦士・戦争場面の造形などが挙げられている。弥生時代には高地性集落や矢じりの刺さった人骨など戦争の痕跡は多く発見されている。ところが古墳時代になるとそのような遺跡・遺物が見えなくなってくるという。この事実は、上表文の一文に大きな疑問を投げかける。本当に倭王武とその先祖は日本列島を東西に征服しながら統一したのだろうか。

この問題を考えるとき、やはり考古学的な事実は尊重されなければならない。つまり上表文について再検討する必要がある。上表文が漢籍の表現を取り込みながら作文していることは繰り返し述べてきた。そうであるとすれば、この一文も同じように考えることはできないだろうか。

「東征」と「西服」が意味するもの

そのような視点で漢籍を見渡すと、いくつか興味深い文章が見つかる。『晋書』乞伏乾帰《きつぶくけんき》伝《でん》に次のような文章がある。

翟瑥《てきおん》は剣を振い、諫《いさ》めて「我が王は神の如き雄大な姿で隴右《ろうゆう》（西秦）を建国し、東へ西へ敵を打ち倒し、領土とならないところはない。その武威は秦梁を恐れさせ、その徳は巴漢を照らした」と言った。

鮮卑の王朝である西秦の王、乞伏乾帰が建国にあたって東奔西走して戦ったことが述べられている。

さらに『晋書』陽騖《ようぶ》伝《でん》にも注目したい。

〔慕容《ぼよう》〕皝《こう》が王位に即くと、（陽騖は）左長史《さちょうし》の職に遷《うつ》り、東西に征伐し、帷幄《いあく》の中で謀《はかりごと》をめぐらした。

前燕の慕容皝が王位に即くと、配下の陽騖が左長史として東西に敵を征伐したという。

これらのように当時の文章表現では周囲の敵と戦うことについて、東西に駆けめぐったという表現が用いられることがあった。東へ西へ、というのは当時の文章にはしばしば見られるものであったといえそうである。

それをふまえると、武の上表文の「東征」「西服」もそのような文章規範に則った表現として理解できる。武は倭王権が宋の皇帝のために東西に敵を打ち倒して、宋の威光を辺境に知らしめたことを強調しているのである。それは後段の高句麗征討とそのための開府儀同三司任命を正当化するための布石となる前置きであった。

慣用表現が生んだ〝記憶の改竄〟

要するに上表文の「東征」「西服」は当時の慣用表現である。古墳時代に戦争の痕跡が見えないという考古学の指摘をふまえると、それを歴史事実として理解すべきではない。しかし、過去にあった出来事であるかのように外交上の修辞として上表文に記されたはずのそれは、いつしか倭国の歴史として意識されるようになる。

そして、それは倭王権による列島統一における武力討伐の歴史としてのちに記憶されるようになる。上表文では宋皇帝のために行ったとする東西征討が、武以降に中国との外交が途絶することによって宋皇帝という存在が消え、倭王権自身のための東西征討へと論理がすり替わっていく。その過程で話にリアリティを持たせるための肉付けが加わって伝承が形成される。それがヤマトタケル伝承と呼ばれるものなのではないか。

これまで武力討伐という史実が、上表文の記載と記・紀の伝承にそれぞれかたちを変えて記されたと思われてきた。しかし、むしろ逆であり、中国の表現規範が上表文に取り込まれて伝承化し、史実として捉えられるようになったのである。いわば記憶の改竄《かいざん》が生じたといえる。

上表文は当時の情勢を知るうえでの貴重な史料であることは間違いない。ただし、そもそも史実を正確に記すことを目的としていない。その点に気を付ける必要がある。

武の権力の実態

結局、武の上表文の目的は何だったのか。それは上表文の最後に、「窃《ひそ》かに自ら開府儀同三司を仮し、其の余は咸《ことごと》く各《おの》おの仮授し」たとするところにある。ここで問題となるのが、仮授された「其の余」というのが武の要求した官爵（使持節・都督倭百済新羅任那加羅秦韓慕韓七国諸軍事・安東大将軍・倭国王）を指すのか、それとも王族・豪族たちへの将軍号のことなのか、見解が分かれていることである。

上表文で特に強調されているのが開府儀同三司の承認である。それ以外の官爵をすべてひっくるめて「其の余」としている。注目すべきが、「咸く」と「各おの」という表記である。これを武のみに対する行動として捉えるとどうなるか。武が自らに仮授して正式承認を要求した官爵は使持節・都督倭百済新羅任那加羅秦韓慕韓七国諸軍事・安東大将軍・倭国王号であった。これらは「咸く」という語に集約されている。そうすると「各おの」という語が浮いてしまうことになる。

一方、王族・豪族らも含めて考えると「各おの」というのは整合的に理解できる。「咸く各おの」というのは、武が開府儀同三司以外のすべての官爵を自身と王族・豪族にそれぞれ仮授したと述べているのである。

ではなぜ武のみの仮授を強調する説が出たのか。それは武の権力の評価と関わる。先に見たように、武の頃にはすでに卓越した権力が形成され、宋との外交に距離をおくようになったという考え方がある。こうした見解からすれば、武が王族・豪族への支配力を行使する際に彼らへの中国官爵の仮授と宋からの正式承認というプロセスを必要とすると見なした場合、武はいまだ宋に依拠している不十分な権力となり、説明に矛盾が生じてしまう。四七八年の遣使の評価は、列島支配の正当性を王に付与する権威がどこに存在するのかという、権力の由来に関わる問題なのである。

しかし、武が自らの官爵のみを宋に要請したとは、当時の倭国の権力構造からすると考えにくい。六世紀前半に筑紫君磐井《つくしのきみいわい》がヤマト政権に対する闘争を行うように、当時の豪族はヤマト政権に対して全面的に服従しているわけではない。武の権力は決して専制的ではない。武が官爵を要請するならば、王族や豪族たちにも同様の処遇をしなければ武に対する支持は得られなかったであろう。

上表文の意図

上表文は、武の即位を報告し、冊封を要請するものであった。さらに武の周囲の有力者への叙任も承認させることによって、権力を強固なものにすることを第一のねらいとしていた。それは、それまでの五王の遣使と変わるところはなかった。そして、武以前の倭国王よりも高位の官爵を獲得するために、百済の劣勢を口実とした。

もちろん高句麗南下の阻止は、倭国の朝鮮半島における利権を守るためにも差し迫った外交課題である。高句麗と正面から対決してきた百済は弱体化しており、それまでと同じような役割は期待できない。それゆえ高句麗との対決は、倭国が盟主となって実行することが現実的な情勢であった。

四七八年の武の官爵要請はこれらの国際背景のもとに行われた。そのためには高句麗に匹敵・凌駕する官爵を獲得する必要があった。また配下の王族・豪族にも将軍号を授与することによって、王としての地位を確固たるものとし、さらに高句麗征討に対する支持を取り付けようとした。

上表文は当時の外交課題と国内の権力構造を端的に示している。それは讃以来、変わるものではなかった。その意味では、武もまた倭国王という地位から逸脱するものではなかった。武の権力は中国からの冊封という枠組みを前提とするものであり、そこに限界があったのである。

第4章

倭の五王とは誰か——比定の歴史と記・紀の呪縛

前章まで倭の五王を軸に五世紀東アジアの歴史的展開を追ってきた。本章ではここまであえて触れてこなかった、その最大の論点について取り上げたい。それは、中国史料である『宋書《そうじょ》』本紀・倭国伝に記されている五人の王が、日本史料、特に『古事記』『日本書紀』の天皇の誰に該当するのかという問題である。

倭の五王の研究はこの問題から始まったといっても過言ではない。本章では、倭の五王の人物像について、これまでどのように考えられてきたのか、本来どのように考えるべきなのか、問い直したい。

五王は記・紀のどの天皇に比定できるのか——。現在までの説を簡単に挙げると次のようになる。

讃は第15代応神天皇か第16代仁徳天皇、あるいは第17代履中天皇。珍は第18代反正天皇。済は第19代允恭天皇。興は第20代安康天皇。武は第21代雄略天皇とされる。讃以外はおおむね明らかにされているように見える。しかし、そこに大きな落とし穴がある。

4-1 『宋書』と記・紀の比較

西暦	宋	紀	記
412			
421			
425			
427	讃		仁徳没
432			履中没
437		允恭	反正没
438	珍		
443			
451			
453	済		
454		安康	允恭没
456			
457			
462	興	雄略	
478	武		
479			
480		清寧	
484			
485		顕宗	
487			
488			
489		仁賢	雄略没
498			
499		武烈	
502			

4-1は五世紀の『宋書』倭国伝が記す倭の五王と、記・紀の天皇の在位について対比したものである。

『宋書』倭国伝は宋への派遣年代、『日本書紀』は在位期間である。『古事記』は在位期間を記さず没年のみを記す（崩年干支《ほうねんかんし》という）ので、それを西暦に換算した。ただし、没年を記さない天皇もいるので、その点は注意を要する。三つの史料を比べてみると、『宋書』倭国伝のみならず『日本書紀』と『古事記』さえも年代的に整合していないことがわかる。

このような史料の食い違いのなかで、倭の五王の、天皇への比定はどのようにして論証されてきたのか。その論理を確認するところから始めよう。

1　五王と天皇——室町期から始まる比定の軌跡

最初の比定——室町期、瑞渓周鳳の試み

中国の歴史書が日本について記録していること自体は古くから知られていた。

たとえば『日本書紀』神功皇后摂政六六年条には、「今年〔神功摂政六六年〕は晋《しん》の武帝《ぶてい》のときの泰初《たいしょ》二年にあたる。『晋泰初起居注《しんたいしょききょちゅう》』に「武帝の泰初二年一〇月、倭の女王が通訳を重ねて朝貢《ちょうこう》してきた」とある」と記している。泰初二年とは西晋泰始《せいしんたいし》二年（二六六）のことであり、倭の女王は台与《とよ》を指すと考えられる。『日本書紀』は神功皇后という伝説と中国史料の台与に関する記述を対比・接合させている。その内容が妥当であるかどうかは別にして、日本における中国史料へのもっとも古い言及である。

中国史料に記された日本について本格的に目が向けられるようになったのは、室町時代である。禅僧の瑞渓周鳳《ずいけいしゅうほう》（一三九一～一四七三）が『善隣国宝記《ぜんりんこくほうき》』を著し、そのなかで倭王が南朝に外交使節を派遣したことを中国正史から引用している。同書は東晋への派遣を履中・反正天皇のときのこととして、讃を允恭天皇に充てている。これが、倭の五王がいずれの天

皇に該当するか言及した最初の史料である。

比定の方法は、『日本書紀』の紀年と中国の年号を対応させる単純なものであった。具体的には次のような方法である。

『日本書紀』には各天皇の元年の記事の末尾に「太歳《たいさい》」を記している。太歳とは、古来天球にあって木星とは逆方向に運行すると考えられていた仮想の星である。これの位置によってその年の干支を定めた。なお、干支は六〇年で一巡して元に戻る。つまり六〇年ごとに同じ干支となる。允恭天皇の場合、即位元年の太歳が壬子《じんし》年と記されている。これを中国の年号に換算すると義熙《ぎき》八年にあたる。このように『日本書紀』と中国の年代の対照が可能となる。ちなみに、允恭元年の壬子年を西暦に変換すると四一二年である。

瑞渓周鳳は、中国の史書と『日本書紀』の年代を機械的に並べた。年代を一致させたうえでそれぞれに記された五王と天皇を対比させたのであり、両書が年代的に正しければ問題のない方法である。ところが、『日本書紀』は編纂時に年代が操作されている。そのため、そのままでは史実の年代と一致せずズレが生じる。瑞渓周鳳の方法では正確な対比ができない。

瑞渓周鳳の検討は、比較の方法としては単純であり稚拙でもある。しかし、異なる史料を見比べて対応させることを初めて行った意義は決して軽くない。

ところで、『善隣国宝記』は中国史料を参照するにあたって倭の五王やその関連事項について、『宋書』ではなく『南史《なんし》』を引用している。なぜ『南史』なのか。

『南史』とは唐の時代の歴史家である李延寿《りえんじゅ》が六五九年頃に完成させた歴史書である。中国の分裂期である南北朝時代は、一つの王朝の寿命が短い。たとえば宋の次の王朝である南斉《なんせい》は四七九年建国、五〇二年滅亡であり、二四年しか続いていない。

『南史』は南北朝時代の南朝、つまり江南にあった宋、南斉、梁、陳の四王朝の歴史について、『宋書』などの王朝ごとの歴史書を再編集して王朝を超えた時代史として整理したものである。六五九年に唐によって正史と認定された。李延寿は同時に北朝の歴史である『北《ほく》史《し》』も編集している。

　この両書は完成した当時の人々にとってはたいへん便利だったようで、南北朝の時代を調べるときはみな『南史』『北史』を読むようになったという。その傾向は日本にも及び、瑞渓周鳳も『宋書』ではなく『南史』を参考にしたのである。史料の扱いは時代によって大きく左右されることに注意を払わなければならない。

　ただし、『南史』倭国伝は『宋書』倭国伝などの二次的な再編集であり、そこに新しい情報はない。それゆえ現在では『宋書』を重視して『南史』に言及することはほとんどない。

比定研究の深まり――松下見林

倭の五王について研究が大きく進むのは江戸時代である。この時代は学問が総体的に進歩した時代であった。歴史学でもそれ以前の歴史について史料を網羅的に蒐集《しゅうしゅう》し、合理的解釈を行おうとする姿勢が明確になる。あるいは史料個々の性質への評価に基づいて、歴史を捉えようとするようになる。その代表的な人物が松下見林《まつしたけんりん》、新井白石《あらいはくせき》、本居宣長《もとおりのりなが》である。

松下見林（一六三七〜一七〇三）は医者であり、国学者でもあった知識人である。一般にはあまりなじみのない人物であるが、中国・朝鮮史料に見える日本関係記事を網羅した『異《い》称日本伝《しょうにほんでん》』を著した。松下見林は倭の五王について、瑞渓周鳳と同様に紀年の対比を基準としたが、それに加えて名前を比べることで人名比定をさらに進めた。

松下見林によると、讃は履中天皇の諱《いみな》であるイザホワケの読みを省略したもの、以下の四王についても、珍は反正天皇の諱である瑞歯別《ミヅハワケ》の「瑞」を書き誤って「珍」に転化した、済は允恭天皇の雄朝津間稚子《ヲアサツマワクゴ》の「津」を「済」と書き誤った、興は安康天皇の穴穂《あなほ》を誤った、武は雄略天皇の大泊瀬幼武《おおはつせわかたける》を略記したものとして、それぞれ天皇の名と関連づけて説明しようとした。松下見林のこの解釈は現代に至るまで定説の原形として大きな影響を持ち続けている。

ただし、松下見林の説明には大きな問題がある。見林は五王の一字名について、漢字の書き誤りと名前の略記という二種の方法を混在させて説明した。その方法は融通無碍《ゆうずうむげ》であり、いかようにも説明できてしまう。

また、字の書き誤りとする場合、五世紀当時の名前の用字と『日本書紀』のそれとが同じであったことになる。しかし、五世紀の実例を探求するまでもなく、ほぼ同時代の『古事記』と『日本書紀』でさえ同じ天皇の名の用字が異なる。

たとえば、松下見林が書き誤りと見なした反正天皇の名について検証してみよう。たしかに『日本書紀』ではその名を瑞歯別としている。それゆえ松下見林は「珍」と「瑞」を字形が似ているとして対照させた。しかし、『古事記』では反正天皇の名は「水歯別」と記されており、「瑞」は用いていない。これでは「珍」は書き間違いであるとはいえない。

『古事記』と『日本書紀』の内容を比較した場合、近年の研究では単純に『古事記』のほうが古いということはできない。ただ、用字については、『古事記』のほうが七世紀かそれ以前の古い使い方を残しているところがあることは間違いない。

九州北部の地名であるツクシを例に挙げてみよう。『日本書紀』では「筑紫」という表記で統一されているのに対して、『古事記』では「竺紫」と記す箇所がある。「竺紫」表記のほうが古い。ただし、それも七世紀の用字とはいえるが、五世紀に「竺紫」の表記が用いられていたということにはならない。もし漢字の字形から五王を推定する場合は、当然のことながら五世紀の当時に用いられていた漢字用法と比較しなければならない。

反正天皇の名の漢字用法から五王を推定する場合は、『日本書紀』の「瑞歯別」でも『古事記』の「水歯別」でもなく、五世紀におけるミヅハワケの用字法から考えなければならないのである。しかし、それを復元することは新たな五世紀史料の発見がない限り不可能である。このように、漢字の字形を基準とする人名比定はほとんど困難であるといってよい。

新井白石と本居宣長の達成と限界

松下見林に対して、新井白石（一六五七〜一七二五）は合理的解釈によって比定の方法を洗練させた。字の書き誤りという判断方法を排除し、五王の名前の読みから一字名を浮き上がらせる方法に統一して説明しようとしたのである。

歴史の研究法が確立していない時代に、歴史史料を自分の都合のよいように恣意《しい》的に解釈することを排除しようとした点は高く評価されてよい。こうした合理性は新井白石の著作全体に及ぶものであり、日本史学における新井白石の位置づけは大きい。

しかし、新井白石の研究への姿勢は大きな意味を持つとしても、倭の五王の解釈の妥当性は別問題である。

新井白石の解釈は、松下見林が字形の類似と書き誤りで説明した珍・済・興について、それぞれ「珍」とは「瑞」である、「済」はツーと読み「津」と一致する、「興」はホンであり「穂」と一致するなど苦しい説明に終始している。

さらにいえば、漢字の読みで解釈を一貫させたところは評価に値するものの、新井白石は漢字には音と訓があることを見逃していた。讃を「ザ」と読むのは音読みに準じたものである。だが武の「タケル」は訓読みである。音と訓を混用させると、やはり融通無碍になってしまう。そのため讃を音読み、武を訓読みで人名比定を行うのは恣意的という批判を免れない。この点で新井白石の解釈にも限界があった。

一方、史料批判という点で大きな足跡を残したのが本居宣長（一七三〇～一八〇一）である。本居宣長は日本古来の思想の追究に重点を置き、『古事記』こそが研究の基本となる史料であると位置づけた。それは翻《ひるがえ》って他の史料を厳しい目で評価することにつながる。中国史料を中国人の中華思想に基づいて都合よく記事にしていると批判した。

特に五王については当時の天皇が中国に対して臣礼をとることはあり得ず、吉備《きび》などの地方豪族による通交を記したものであると説明した。

本居宣長は『古事記』を重視するあまり、他の史料を取るに足らぬものとして切り捨てており、そこに国学者としての二重基準が見える。ただし、切り捨てる際に史料の性質に言及して問題点を指摘したところには意味がある。史料に書かれていることをそのまま信用するのではなく、書き手の論理を考慮に入れなければならないという方法論は現在にも通用する考え方である。

近代の研究の成果と停滞——西洋人の視線

近代以降も江戸時代の成果を踏襲する研究が多かった。しかし、それにとどまることなく新たな視角をもたらした研究も現れる。それは日本人ではなかった。明治期のイギリス外交官であったウィリアム・ジョージ・アストン（一八四一〜一九一一）は、倭の五王について二つの重要な指摘をしている。

一つは記・紀の天皇名が諡号《しごう》すなわち死後に贈られた称号で、讃・珍・済・興・武の名は存命時の実名であり一致しないのは当然としたことである。

もう一つは、『宋書』倭国伝における五王の続柄記載に注目し、天皇系図と五王系図の系譜的関係の類似性から五王が誰か読み解こうとしたことである。珍は讃の弟、興と武は兄弟であり済の息子という『宋書』倭国伝の系譜を、『日本書紀』の履中天皇・反正天皇・允恭天皇の三兄弟と允恭天皇の子の安康天皇・雄略天皇と対比させたのである。

こうした考え方は当時の日本人には思いつかないものであった。日本人は記・紀を中心に据えて考えようとするのが通例だったからである。たとえば『日本書紀』の「幼武」の記述を前提に、『宋書』倭国伝の「武」を同一人物と位置づけていた。中国史料と日本史料を同列に扱って検討する方法は想像外のことであった。逆にいえば、記・紀に囚《とら》われないイギリス人であったからこそできたといえる。

アストンのような新しい視角による分析方法が提示されたものの、戦前までの五王研究はおおむね低調であった。その大きな理由は、明治時代後半以降に天皇の絶対視が肥大化し、天皇研究自体がタブー視される傾向を強めていったからである。

一八九二年に東京帝国大学教授だった久米邦武が「神道は祭天の古俗」という論文を執筆したことによって国学者の反発を受け、辞職に追い込まれた。いわゆる久米邦武筆禍事件である。一九四〇年には早稲田大学教授だった津田左右吉《つだそうきち》の『古事記及び日本書紀の研究』『神代史の研究』が不敬と見なされ発禁処分となり、辞職させられた。いわゆる津田左右吉事件である。

戦前の歴史研究が政治的圧力にさらされやすい状況のなか、「天皇が中国に朝貢した」ことを前提とするテーマが、活発になるはずもなかった。倭の五王の研究が可能になるのは敗戦を待たなければならない。

解放された古代史研究――「二つの王家」論

戦後の日本古代史研究は天皇制という圧力から解き放たれた。「天孫降臨《てんそんこうりん》」と「万世一系《ばんせいいっけい》」が当たり前に考えられていた時代を突き崩そうと、天皇についてもさまざまな研究が公にされる。

よく知られるところでは、朝鮮半島から渡来した騎馬民族が大和盆地を制圧して天皇家となったとする江上波夫《えがみなみお》「騎馬民族征服説」や、三世紀から五世紀にかけて三つの王朝の興亡があったとする水野祐《みずのゆう》「王朝交替説」が挙げられる。これらの研究はいまでは通用しなくなっている。しかし、発表当時は戦前の既成概念を打ち破るものであり、新しい発想を生み出す前提となったことの意義は大きい。

こうした新しい発想のもとに、倭の五王の研究に大きな影響を与える画期となったのが藤《とう》間生大《ませいた》『倭の五王』（一九六八年）の刊行である。藤間は『宋書』倭国伝に記された系譜を厳密かつ合理的に捉えようとした。珍と済の間に続柄記載がないことに着目し、両者は血縁関係にないか、もしくは血縁関係があったとしても済はその事実を隠したと考えた。そこに王朝交替説が影響していることを読み取るのは容易である。藤間の学説は、讃・珍グループと済・興・武グループという「二つの王家」論として現在まで大きな影響力を持っている。

しかしこれに対する反論もある。五王の同族関係についてはやはり宋に対する名乗りが手がかりとなる。第1章で見たように、讃は正式には「倭讃」と名乗っていた。この場合の「倭」は高句麗王の「高」、百済王の「餘《よ》」と同じく姓と考えられる。珍も「倭珍」と名乗って朝貢したであろう。そして済と武は『宋書』本紀によるとそれぞれ「倭済」「倭武」と記されている。すなわち、済や武も倭姓を称している。その近親である興も倭興と名乗ったことであろう。五王はいずれも倭姓を名乗っていたと推定される。姓が同一であることは父系の同族集団であることを意味するものとして、「二つの王家」論は批判されるのである（吉村武彦）。

「二つの王家」説は、五世紀の倭国王が必ずしも血縁的につながっているとは限らない可能性を指摘した。五世紀の王位継承を、血統的に続いていると思い込みがちな近代人の思考の隙を突いた点できわめて大きな意義を持つ。

一方で中国南朝に倭姓を名乗り続けているのも事実である。藤間もその点はある程度想定しており、血縁関係があった可能性自体は否定していない。要するに血縁関係はあったかもしれない讃・珍グループと済・興・武グループの関係について続柄の記載がないことから断絶性を強調するか、倭姓の共有という面から継続性を強調するかという違いなのである。

倭王権と姓

筆者は、この問題について断絶面を重視すべきと考えている。済が即位して宋との外交に取り組む際には、自分がそれまでの倭国の権力を順当に引き継いだと主張したほうがその地位継承について宋を納得させやすい。そのため済は前王と同じ倭姓を共有していると説明するほうが交渉を円滑に進められる。つまり、済が前王の珍と父系同族であるかどうかは別にして、新たに倭国の盟主となったので倭姓を名乗ることはあり得る。

類似のケースとして時代は下るが、琉球《りゅうきゅう》王国がある。一四〇六年に中山《ちゅうざん》王国の武寧《ぶねい》を滅ぼした佐敷《さしき》の按司《あじ》（首長）である思紹《ししょう》は、同年に明《みん》に朝貢使を派遣した際に武寧の世子《せいし》を称した。思紹は明にその地位を認めさせるために、実際には血縁関係にない武寧との血のつながりを主張したのである。

仮に讃・珍と済・興・武の両者に血縁関係があったとしても、珍と済の間における王位の移動について、平和裏に権力移譲が進められた証拠はない。少なくとも倭姓の共有だけで讃・珍グループと済・興・武グループが政治的にどこまで一体的であったのか推し量ることは難しい。

そもそも同姓間での権力移動であっても、そこに断絶があると見なされることもある。そのもっとも端的な例が中国南朝の南斉と梁である。南斉を建国した蕭道成《しょうどうせい》の皇帝家と、その次の王朝である梁を建てた蕭衍《しょうえん》は五代前に分かれた同族である。しかし、南斉が帝室の内部争いで瓦解すると、蕭衍は南斉皇族の蕭宝融《しょうほうゆう》を和帝《わてい》として擁立し、その和帝から禅譲を受けて梁皇帝に即位した。同じ蕭姓ではあるが、皇帝家と王朝建国以前に枝分かれしている分家は天命を共有しているとは見なされなかったからである。

五世紀の倭国で天命思想が正確に理解されていたとは考えられない。しかし、南斉と梁の事例から中国でさえ、同族であることと権力の継続は別問題として捉えられていた。倭国ではいうまでもないであろう。

倭姓を名乗ること

逆に考えてみよう。中国は周辺国のクーデターなどによる権力の変化に比較的厳しい態度をとることが多い。それは中国が儒教的な身分秩序を前提として、その破壊を許さないからである。

七世紀のことであるが六四二年に高句麗で有力貴族の泉蓋蘇文《せんがいそぶん》が国王栄留王《えいりゅうおう》を殺した。当時の中国王朝、唐は国王殺害を秩序を乱す行為と見なした。唐の皇帝太宗《たいそう》はそれを問題視して高句麗征討を諮問している。それに対して義兄の長孫無忌《ちょうそんむき》が、しばらく放置して自滅を待つがよいと奏上し、このときは征討は実現しなかった。しかし、その二年後の六四四年から唐と高句麗は熾烈な戦争に突入していくことになる。

東アジア各国での権力の変化は、国内問題にとどまらず、場合によっては国際問題に発展した。済にとっては自分が正当な倭国王として宋から承認されることで、宋の権威を背景にして列島内の豪族に臨む必要があった。

では、前王と関係の薄い済が前王権を打倒して新たな王権を打ち立てたと宋に判断されたとき、どのような事態になるか。

中国が南北朝に分裂している国際状況で倭国に軍事的介入を実施することは考えにくいが、済が要望する倭国王などの官爵が授与されないおそれは十分にある。倭国の王として新しく君臨しようとする済にとって、それは避けたい事態であった。倭姓を名乗ることは、正統かつ順当な継承を強調することでもあった。

とはいえ、済が倭姓を称したのは便宜的に捏造《ねつぞう》した名乗りではなく、讃・珍と同族だったことは認めてよいだろう。それは両者がともに政治的モニュメントとして前方後円墳を採用していることからもうかがえる。そうであれば、讃・珍グループと済グループはそれぞれ、おそらく数世代前に枝分かれした、始祖を同じくする王族集団であったと考えられる。

なお当時、倭姓の一族でなければ倭国王にはなれないという認識がどこまで成立していたのか。五世紀の列島社会で暮らす人々が姓を持っていたとは考えにくい。たとえば稲荷山鉄《いなりやまてっ》剣《けん》に記される「乎獲居《ヲワケ》」にせよ、江田船山大刀《えたふなやまだいとう》に記される「无利弖《ムリテ》」にせよ、姓に該当するものは記されていない。当時は姓のない社会だった。

そうした社会のなかで倭国王の一族が倭姓を導入したのは、朝鮮半島との外交の影響と推測できる。高句麗や百済の王が中国に朝貢する際に中国的な名乗り方を意識して姓を取り入れた。倭国はその方法を模倣して倭姓を編み出したのである。

当時の列島社会には他に姓を持つ階層として渡来系人士がいるが、彼らを別とすれば、列島社会で初めて姓を名乗ったのは倭王権であった。その意味では、倭姓の一族が倭国王になるよりは、倭国王になった一族が倭姓を名乗ったというべきかもしれない。

2　比定の可能性と限界——音韻・字形・系譜の同一性

讃・珍・済・興・武、比定の現在

倭姓の問題について述べてきたが、比定の問題に戻る。

中国史書に記されてきた五王が、記・紀に現れる天皇のなかの誰にあたるか。それを分析する手段として、ここまで記してきたように三つの方法が提起されてきた。

第一に名前の発音・音韻の一致性、第二に漢字の字形の一致・類似性、第三に、『宋書』倭国伝に記される続柄と記・紀の系譜の同一性である。これらは時に併用されながら、人物比定の手段として繰り返し行われ続けてきた。その研究が深まるなかで分析も洗練されている。しかし問題も多い。これまでの説を整理しながら見ておこう。

讃については、本章冒頭で触れたように、現在まで見解が一致しない。音韻からの比定で、音読みによってサザキ（仁徳天皇）とする説と、訓読みによってホムタ（応神天皇）とする説がある。また、次の王である珍と兄弟である関係を記・紀の系譜と比較して、履中天皇と見なすこともある。比定の方法によって推定する天皇がまったく別人になる。

珍については、字形の相似から「瑞」すなわち瑞歯別《ミヅハワケ》（反正天皇）とする説が古くからある。『梁書』ではその名を「彌」としていることから、前田直典は、これをミと読んでミヅハと見なした。系譜では、讃との兄弟関係から該当する天皇を抽出し、反正天皇と位置づけることもある。しかし、この場合は讃が履中天皇であるとしなければならず、讃の比定が苦しくなる。

済については、どの方法でも允恭天皇で一致する。だが論証は難しい。音韻説では「済」を「ツー」と読むことで「雄朝津間」の「津」との一致を見出す。しかし、それはあまりにも無理がある。また「済」を「津」の書き誤りとするのも納得しがたい。系譜からの分析では、『宋書』倭国伝で済を父、興・武を息子とする関係を、記・紀における允恭天皇と安康天皇・雄略天皇の父子関係と対照させて済を允恭天皇とする。この方法は説得力があるように見えるが、そうした系譜は珍しいものではなく、ごく一般的な範疇《はんちゅう》を出ない。この場合、武をワカタケル＝雄略と比定することで系譜を合致するものと見なす。ただし済自体を允恭天皇とする論証はされていない。状況証拠的な推論にとどまっている。

興については、音韻からアナホのホと一致するという説明がされるが説得力は低い。また、系譜では雄略天皇の兄という関係から安康天皇に比定する。これも興を安康天皇とする証明自体が成功しているわけではない。

武については、音韻ではワカタケルのタケル、あるいは『日本書紀』の「幼武」という用字と一致することから比定は確実視されている。系譜もワカタケルである雄略天皇は允恭天皇の息子、安康天皇の弟であり、これも一致する。武は音韻・系譜双方で雄略天皇（ワカタケル）と合致するとして異論はない。武を起点として済と興を允恭天皇・安康天皇にそれぞれ比定する方法がとられている。

このように倭の五王の古代天皇への同定は、名前の音韻と系譜の関係が一致することを判断の基準としている。二つの異なる方法で同じ結論が導き出せることが史料から歴史を読み取るうえで理想的である。だが残念ながら五王の比定に関する限りそのようにならない。

武＝雄略天皇を疑いないものとして、武を基点にその父兄にあたる済と興を雄略天皇の父兄にあたる允恭・安康天皇に比定するのは問題ないように見える。ただし、名前の音韻は一致しない。現状では、武を雄略天皇に比定できることを根拠に名前の音韻の一致には目をつぶっている。

讃と珍についてはさらに混乱している。珍を系譜から反正天皇と考えると、讃は履中天皇とせざるを得ないが、名前の音韻が一致しない。名前の音韻から見れば、系譜で一致する天皇がいない。それゆえ古くから音韻解釈と系譜でもっとも都合よく解釈できる説明を五王それぞれに選び、倭の五王が誰であるか比定しようとしてきた。しかしそれは恣意的な解釈に陥りかねず、近年では両方の方法を併用するのは慎まなければならないと批判されている。

音韻による比定の限界

五王の比定について実証に多くの矛盾があるものの、本居宣長のような完全否定説を除くと、讃こそ見解が分かれているが、それ以外の四王については実は異論があまりない。そのためおおよそ問題がないように見えなくもない。しかし、それは大きな錯覚である。特に名前からの類推は問題が山積している。一つひとつ確認していこう。

珍の字形類似は比定方法としてかなり危険であることは先述した。一方『梁書』の「彌」

という表記はあてにはならない。『梁書』は六二九年に編纂された史書であり、その倭伝はそれ以前に成立した『宋書』倭国伝をかなり改変して作られている。つまり「珍」が異体字の「珎」と書かれ、それが「弥」と書き誤られ、さらに正字の「彌」になったと考えられる。そうだとすれば、そもそも「ミ」という音韻を持つ名前ではなかったことになる。字形にしても音韻にしても反正天皇（ミヅハワケ）とは結びつく要素がない。

済については、音韻の一致とすれば字形の書き誤りは成り立たないし、逆もまた然《しか》りである。つまり音韻説と字形相似説は相互に補完するものではなく、むしろ説明を否定し合っている。字義から津を済としたというのもこじつけの域を出ない。済の名から比定することはやはり不可能である。

興をその名から安康天皇とする類推には無理がある。そもそもアナホは人名でない可能性が高い。記・紀では安康は穴穂宮を居所としていたことが記されており、この場合穴穂は地名と見なさざるを得ない。

こうした例は他にもある。『日本書紀』には安康元年の記事に「大泊瀬皇子」という王族が見える（『古事記』では「大長谷王子」）。これは即位前の雄略天皇のことである。雄略天皇は正式な諡《おくりな》を大泊瀬幼武とするが、これはハツセ宮に居住していたワカタケルという意味である。ワカタケルは泊瀬宮に住み、宮の名から大泊瀬王と呼ばれることもあった。同様に穴穂皇子の名も穴穂宮に居を構えたからと解釈したほうがよい。要するにこれまで名前として考えられてきたアナホは居住地をふまえた通称であり、その名称から「興」という人名を導き出すこと自体に無理がある。もっとも、それは興が安康天皇であることを否定するものではない。

このように、記・紀に残された天皇の名と珍・済・興という名乗りを結びつけることは不可能なのである。

武の人名比定の問題点

他方でいままで触れてきたように、武の比定については論証的に信頼性が高いと見なされている。「武」をタケルと読んでワカタケルとするのは一見するともっとものように思える。しかし、ここにも実は落とし穴がある。

「武」をタケル（タケ）と読むのは訓読みである。武＝タケルとすれば、五世紀後半の列島社会で漢字の訓読みが定着していたことになる。さらにいえば、訓読みを言葉の意味から離れて人名の当て字とする、いわゆる訓仮名が成立していなければならない。

では、日本で漢字の訓読みが成立したのはいつ頃なのか。現在の研究で訓の使用が確実なもっとも古い事例とされるのは、六世紀後半の岡田山《おかだやま》一号墳出土鉄剣銘《てっけんめい》である（沖森卓也）。

赤外線で「各田卩」と判読できる文字が記されている。

金属や石に文字を記す場合に画数の多い字は省略して記す省画《しょうかく》という用法がある。よく知られるところでは、金印で名高い「漢委奴国王」の「委」字が「倭」の省画である。「各田卩」の「各」は「額」、「卩」は「部」のつくりの省画である。「部」字についておおざとのみを記すことは、古代ではむしろ常用である。当該部は「額田部」と記されており、それを「ヌカ・タ・ベ」と読むのが訓読みの最古の事例なのである。

もし「武」をタケルと読むならば、現在知られている訓読みの成立を一〇〇年さかのぼらせなければならない。仮に訓読みが成立していたとしても、「武」という字にタケルという読みが付されたのが五世紀であるかは別問題である。タケルにあたる漢字は古代では「建」が一般的である。古代氏族に建部氏がいるが奈良時代にもタケルを「建」と記している。ワカタケルも『古事記』の「若建」という表記のほうが先行し、タケル＝「武」は新しい訓読みとも考えられる。つまり、ワカタケルを訓仮名表記するとしても「武」という字を用いるとは限らない。

4-2　岡田山一号墳鉄剣銘

そもそも五世紀の倭国で人名はど

のように書き記されていたのか。

それは有名な二つの刀剣から確認できる。稲荷山《いなりやま》古墳出土鉄剣銘と江田船山古墳出土大刀銘である。これらの刀剣の銘文には人名が記されている。前者には「獲加多居鹵《ワカタケル》」「乎獲居《ヲワケ》」「意富比垝《オホヒコ》」など、後者には「无利弖《ムリテ》」「伊太加《イタカ》」などである。

これらは漢字の音を一つずつ表記する方法がとられている。仮借《かしゃ》という。五世紀には固有名詞について一音一字で漢字を書き表すのが通例であり、大王であるワカタケルの名も例外ではない。このような漢字の使い方の時代に「武」をタケルと読む訓が成立していたとは到底考えがたい。「武」をワカタケルと読むのは、訓読みを当然とする思い込みのなかから生まれたものである。しかし、五世紀に訓が成立していない歴史的状況をふまえて再考しなければならない。

ここまで見てきたように、『宋書』倭国伝に記された一字名から、それに当てはまる天皇名を見出すのは不可能なのである。

系譜論の死角――系譜は史実なのか

それでは系譜から考える方法はどうであろうか。名前からの比定に比べると確実なように見える。だがここにもやはり陥穽《かんせい》がある。

『宋書』倭国伝における五王の続柄は、地位としての「世子」は別として、宋が使節から聞き取ったものと考えられる。宋が五王の続柄を、書かないことを含めて改変する必要性はない。そのまま書き記しているだろう。問題は比較すべき記・紀の系譜である。

『日本書紀』では、天皇の系譜は初代神武天皇以来、第41代持統《じとう》天皇に至るまで連綿と皇位が受け継がれている。だが現在の研究で、これをそのまま歴史事実であると見なすことはまずない。それは初期の天皇の実在性には大きな疑念があること、五世紀を含めてそれ以前の王統についても慎重に考える必要があることが明らかだからである。

たとえば初代神武天皇から第9代開化《かいか》天皇までの天皇名にはヤマトネコが付されていることが多い。このヤマトネコという語は、第42代文武《もんむ》天皇の諡号である倭根子豊祖父天皇《やまとねことよおおじのすめらみこと》や第43代元明《げんめい》天皇の日本根子天津御代豊国成姫天皇《やまとねこあまつみよとよくになりひめのすめらみこと》のように、律令国家初期の天皇にもよく見られるものである。神武〜開化天皇が同じ名称で呼ばれていることは、その天皇系譜が記・紀編纂直前の七世紀末から八世紀初頭にかけて付け加えられたことを暗示する。

また、第10代崇神《すじん》天皇は初代神武天皇と同じくハツクニシラススメラミコトと称されている。ハツクニシラスとは「初めて国を治めた」という意味である。神武天皇と崇神天皇双方に記していることは、もともと崇神天皇が初代として扱われていたところにさかのぼって神武天皇から開化天皇を付け加えたことを示唆している。

では、崇神天皇以降の系譜は史実を反映していると見なしていいのか。それも疑問である。本書巻頭の系図を見ればわかるように、崇神天皇以降も仁徳天皇に至るまで、ほぼ父子継承の論理が貫かれている。例外はヤマトタケルのみである。古代の皇位継承で父子直系相承の論理が確立するのは律令国家の成立期である。六、七世紀は同世代内継承が基軸であり、それ以前に連続的な直系継承が実現していたとは考えがたい。

それでは仁徳天皇までの直系継承はどのように理解すべきなのか。『日本書紀』に批判的な研究では、編纂時期における政治的観念に基づく創作と考えられた。たしかに天皇系譜にそうした側面があることは間違いない。だがそれだけですべてを説明できるわけではない。『日本書紀』編者の作為ばかりを強調するのは適切ではないだろう。

そこで、天皇系譜の成立について、これまでと違う視角からこの問題に迫ってみたい。それは無文字社会で王位はどのように記憶され、系譜化していったのかという視角である。

文化人類学の視点——記憶の継承とは

アフリカの無文字社会について調査した文化人類学者の川田順造《かわだじゅんぞう》は、アフリカの部族首長の継承について、事績や系譜的位置が詳しく知られている首長は傍系継承であり、名前と継承順位だけしか記憶が残っていない首長は直系継承とされる例が多いと指摘する。

また、系統の異なる首長が地位を継承すると、本来首長ではなかった新首長の祖先が首長系譜に組み込まれることもあるという。

この二つの指摘は、系譜の形成過程を考えるうえできわめて興味深い。ただし筆者の意図は、アフリカの事例を単純に倭国の王位継承に当てはめるものではない。注目したいのは、王位継承がどれほど確かに記憶されているのかということである。

無文字社会、あるいは文字が普及していない社会で、王の系譜はどこまで「正確」に伝えられたのか。この問題について、文字がないからこそ口承という伝達手段が発達し、比較的間違いが少なかったという思い込みがある。もちろん重要な情報は比較的残りやすいだろう。しかし、重要ではないと見なされた事柄は忘却され、あるいは無自覚のうちに改竄されることが起こり得る。それは王位継承の記憶にさえ当てはまる。アフリカの事例はそれを教えてくれる。

倭の五王に関連して考えると、該当するとされる履中天皇から雄略天皇は王位が直系継承ではなく兄弟継承である。これは一見すると王位継承の記憶がよく残されていたことを表しているようにも見える。しかし、それほど単純な問題でもない。

『帝紀』の誕生と「傍系」の扱い

記・紀系譜の原型は、六世紀半ばの欽明《きんめい》大王（実在の大王と記・紀の系譜上の表記としての「天皇」は区別する）の時代に作られた『帝紀』である。

『帝紀』は現存しないが、武田祐吉の研究以来推定されているところでは、名前、父母、皇子女、后妃、在位年数、宮都、山陵所在地などが列記されていたとされる。それでは、『帝紀』成立以前にそれはどの程度記憶されていたのだろうか。

この問題を考えるにあたって、『帝紀』が作られた時代に注意しなければならない。欽明大王は越前《えちぜん》（あるいは近江《おうみ》）から到来して即位した継体《けいたい》大王の息子である。欽明大王にとって重要なのは、継体大王とその先祖である。『日本書紀』によると、第25代武烈《ぶれつ》天皇に子孫がなく王統が途絶え、継体天皇が皇位を継ぐものとして到来し、五〇七年に即位したと記されている。

それでは継体大王の出自はどのように語られていたのか。その手がかりが、『上宮記《じょうぐうき》』という七世紀に成立したと考えられる史料にある。これによると、継体天皇はホムツワケ王を祖とする五世孫であるとされる。欽明大王にとってその出自は自らの正統性に関わる重要なものであった。

ところが継体大王の祖父、欽明大王の曽祖父にあたる人物は「大郎子」＝若君という程度の名前である。自らの直系にあたる先祖の名前ですら忘却されつつあった。そこに作為を見る研究もある（川口勝康）。それをふまえると、欽明大王から見て傍系である五世紀の大王たちは系譜的に重視される位置にはなく、その記憶は忘れ去られやすいものであった。

それは記・紀系譜のなかで、応神天皇以後、継体天皇以前の天皇の実在性の問題とも関連する。この間の天皇は、たとえば第23代顕宗《けんぞう》天皇や武烈天皇のようにその実在性が疑われる者が複数存在する。たとえば武烈天皇は、六世紀初めに仁徳系の王統が断絶して継体系に移ったことについて、その王統が途絶えることの理由づけとして暴虐な武烈天皇を作り上げ、王統の交替を正当化していると考えられるからである。この説明はわかりやすくもっともであり、大王の系譜とは架空の天皇の創出可能な程度に改変されやすいものであったことが明白である。

『日本書紀』への懐疑

結局、六世紀以降の倭王権にとって五世紀の大王たちの記憶はかなり曖昧であり、それゆえに歴史を後付けで説明するのに都合のよい架空の天皇を作り上げることができたのではないだろうか。

このように『日本書紀』は、その編纂段階で中国的な天命思想を取り込みながら、それを整合化するフィクションを織り交ぜつつ、皇位が継承されてきたことを記している。『古事記』も神武天皇から第33代推古《すいこ》天皇まで『日本書紀』とまったく同じ天皇系譜を書き記している。だが、記・紀が一致することをもって古くからそうした系譜があったと見なすことはできない。

むしろ七世紀後半の天武天皇のときから本格的に始まった歴史書編纂作業がベースとなり、そこで整理され完成した代々の天皇の継承順序が七一二年成立の『古事記』と七二〇年撰定の『日本書紀』に表れたと見るべきである。

これまで、正確に記憶されていた五世紀の実在の大王系譜が六世紀半ばに『帝紀』として編集され、それが記・紀の系譜として成立したと考えられてきた。五世紀の史実すべてが忘却され、『帝紀』以降に新たに創作されたというつもりはない。ただし、これまで事実であると考えられていた、親子・兄弟関係の系譜についても再考する必要性がある。

少なくとも讃と珍の兄弟について、記・紀系譜にうまく収めることはできないことは、これまでの研究で明らかである。そうであるならば済・興・武のみ正しいとすることについても留保が必要である。系譜から倭の五王が誰であるか同定する方法も、万全とは決していえないのである。

3　始祖王と五世紀の王権

三つの有力王族集団

ここまで名前あるいは系譜から倭の五王の実体について迫ることはきわめて難しいことを説明してきた。そもそも『宋書』倭国伝と記・紀をすり合わせること自体、あまり生産的な作業とは思えない。五世紀の倭王権の実態を考えるためには、異なる視角からアプローチするべきである。

序章で見たように、考古学の知見では、五世紀の段階で複数の有力な王族集団が存在していたことが判明している。百舌鳥《もず》古墳群と古市《ふるいち》古墳群を比較すると、大王墓とそれ以外の王族集団の古墳との間に隔絶した差はないように見える。すなわち、この時期の倭王権は複数の王族集団によって構成されていた。また、両方の集団が並存しながら大王が現れているということは、相互の関係は大王を出した集団が圧倒的優位に立つようなものではなかったことを示唆している。

一方で『宋書』倭国伝の記述では、倭の五王について讃・珍と済・興・武は系譜的に別の集団と考えられる。倭国王と有力な王族の並立は珍と倭隋の関係からも推測できる。王族集団はその二つだけではない。六世紀初頭に継体大王は近江・越前から河内・大和に乗り込んで王位を継承しており、そのグループは五世紀にも一定程度の勢力を保持していたと見なしてよいだろう。

つまり、五世紀の倭王権を構成する有力王族集団は、讃グループと済グループ、北陸のグループの少なくとも三つの集団が存在していたことになる。確証はないが、記・紀における王族の殺し合いなどをふまえると、他にも有力集団が存在していた可能性がないとはいえない。ただ、大和・河内の巨大前方後円墳を擁する古墳群を念頭に置くと、あまり細かく分かれていたとも考えがたい。

古墳群における巨大前方後円墳の消長をふまえると、五世紀前半には三つ程度、五世紀後半にはそれが二つに絞られたことが想定される。現状では古市古墳群と百舌鳥古墳群が、讃グループと済グループに対応すると考えるのが穏当なところであろう。そして、五世紀後半まで百舌鳥と古市の両古墳群は存続していたことをふまえると、珍から済への王位の移行は、珍がリーダーであった讃グループの滅亡を意味するとは限らないことに注意しておきたい。

王位の移動は済が即位する四四三年頃に生じたが、その時期を画期とした古墳群の衰退は見て取れない。王位の移動は珍が死んだことによって生じたものと考えられるが、それ以後も讃グループは一定の勢力を維持していたことになる。大和・河内のそうした状況を横目に見ながら北陸のグループが存在していた。

これらの有力王族集団は各地の豪族と政治的関係を構築した。相互の合意によって両者の政治的結合は成り立ち、それによって列島各地に政治的モニュメントとしての前方後円墳が造営される。

それは列島の政治的統合が進むと前方後円墳が増えていくという傾向を示すはずであるが、四世紀から五世紀にかけて相模《さがみ》や甲斐《かい》で前方後円墳を造らなくなる豪族がいることが、土生田純之によって指摘されている。これは地域豪族のほうから王族集団との関係を解消したらしい。その結果、前方後円墳もその地域で造られなくなることがあった。両者の関係は必ずしも王族集団側にイニシアチブがあるとは限らず、状況によっては豪族のほうが政治的関係のあり方について判断することもあったようである。

始祖王ホムタワケ

王族集団は倭姓を共有している。それは始祖が同じであると考えられていたことを意味する。ではその始祖は誰か。その手がかりは北陸グループの継体大王をめぐる系譜にある。

大和や河内よりも外部である北陸に勢力を構えながらも継体大王による王位継承が可能であったのは、彼もまたそれ以前の王である五王たちと始祖を同じくするという認識が当時あったからであろう。先に紹介した『上宮記』によれば、それはホムツワケである。記・紀系譜ではホムタワケとされるが、各王族集団が別個に始祖から連なる系譜を形成し、その名が時間の経過のなかで微妙に変化したものと見ておきたい。始祖を共有することが前提である以上、讃グループや済グループもホムタワケを始祖として位置づけていたことになる。

では、なぜホムタワケは始祖として認定されていたのか。記・紀ではホムタワケは第15代応神天皇にあたる。応神天皇は朝鮮半島との外交で重要な役割を果たしたと考えられたからと推測される。ここで特に注目したいのが、百済との外交である。

『古事記』は、応神天皇の時代に百済の肖古王《しょうこおう》（近肖古王《きんしょうこおう》）が阿知吉師《あちきし》に付して馬二頭を贈ってきたことを記している。それとともに横刀《たち》と大鏡も贈ったと記す。阿知吉師の来朝と馬の贈与は『日本書紀』にも応神一五年八月のこととして記されている。だが、そこには刀と鏡は触れられていない。『日本書紀』で百済から刀と鏡がセットで送られるのは、神功皇后のときと記される七支刀《しちしとう》と七子鏡《しちしきょう》である。

もし『古事記』の横刀・大鏡が七支刀・七子鏡と対応するならば、序章で述べた七支刀を媒介とする百済との外交開始は、神功皇后ではなく応神天皇の事績という異なる伝承があったことになる。

つまり、七支刀に贈与の相手として明記されている「倭王」とは、ホムタワケを指す可能性がある。さらにふみこんでいえば、百済との外交開始こそがホムタワケを始祖の地位に押し上げたと考えることもできるだろう。

そうした始祖王としてのホムタワケは王権系譜のなかで画期として位置づけられた。そのことは後代まで強く意識されており、そうした歴史感覚を残していたのが『古事記』である。

神野志隆光によれば、『古事記』は上中下の三巻構成であるが、各巻の内容はそれぞれ一つのまとまりとしてよく練られたものである。上巻は神話的世界の物語であり、人間世界のことは登場しない。中巻は天皇が統治する天下的世界の形成を見通し、神話から歴史への移行期間にあたる。そして、下巻は完成した天下的世界が推古朝まで引き継がれる系譜を語るのである。応神天皇は中巻の末尾に配置されている。すなわち、応神天皇こそが天皇の支配すべき歴史的世界を完成させたものとして捉えられている。

しかし『古事記』では、応神天皇、すなわちホムタワケは始祖ではない。その原因の一つは、六、七世紀に歴史書の編纂が繰り返されるなかで、天皇の系譜がさかのぼるかたちで新たに付け加えられたからであろう。ただし、神武天皇から応神天皇までが父子直系継承であり、応神天皇の子である仁徳天皇から傍系継承が語られることは、いかに五世紀の記憶が曖昧になろうとも、そこに大きな区切りがあることまでは忘れられなかった。そのことを指し示している。

地位継承次第という論理

各王族集団が系譜を持っていたと述べたが、この点についてもう少し付け加えるべきことがある。

当時の列島社会、特に支配者層の系譜は、統治の根拠を示す重要な手段であった。そのことを示すのが稲荷山古墳出土鉄剣である。その銘文に系譜が記されていることはよく知られている。

上祖、名はオホヒコ。其の児、タカリ足尼。其の児、名はテヨカリワケ。其の児、名はタカヒシワケ。其の児、名はタサキワケ。其の児、名はハテヒ。其の児、名はカサヒヨ。其の児、名はヲワケ。〔後略〕

上祖オホヒコから始まって八人の名が記され、最後に鉄剣を作らせたヲワケとなる。現存する最古の系譜史料である。

右の銘文では、代々の首長は「其の児」と記されているが、それは血縁的な親子関係ではない。ヲワケに至る豪族集団の族長は、一族のなかからふさわしい人物が選ばれて就任した。

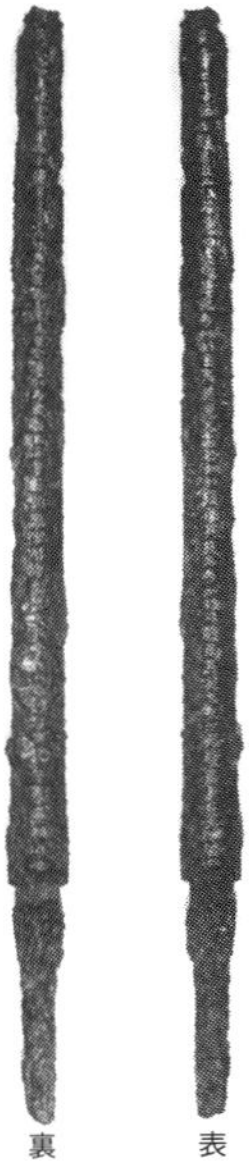

4-3　稲荷山鉄剣

前族長と新族長は同族ではあるが、必ずしも親子ではない。ただし、新族長は前族長の「児」として疑似的な親子関係を築き、それによって安定的な族長位の継承を実現したと考えられる。豪族は代々の族長の名を「今」の族長に至る歴史として伝えてきた。

稲荷山鉄剣銘に見えるような、豪族集団の族長位について近親が血統的に継承するのではなく、一族内で非連続的に就任し、その関係を疑似的親子としてつなげていく方法は、九世紀頃までは残っていた。

丹後国一宮《たんごのくにいちみや》である籠《この》神社（京都府宮津市）に海部《あま》氏系図という古い系図がある。これはタテ系図という古い形式で記された系図であるが、巻物を縦にしたうえで中央に一本の縦線を引き、そこに代々の海部氏の族長が記される。現代に一般的にイメージされる系図は横系図と称されるが、それとは異なる。記されるのは祖父から父へ、父から子へ、またその子へという血統ではない。血縁的な遠近にかかわらずに、始祖を同じくする有力者が代々の族長を引き継ぐという別の論理であった。

天皇家にも貫徹した論理

稲荷山鉄剣銘や籠神社系図は豪族の系図であり、天皇家のものではない。しかし、天皇もそうした論理を意識していたことを示す史料がある。八世紀の天皇位の継承について、『続《しょく》日本紀《にほんぎ》』に次のような即位宣命《せんみょう》がある。

霊亀《れいき》元年に〔元明天皇が〕朕《ちん》〔元正天皇〕に皇位を譲って仰せられたことには、「天智天皇が改めてはならない恒久的な決まりとして定めた法の通りに、我が子である首皇子《おびとのみこ》に間違いなく皇位を伝えよ」といい、〔中略〕養老八年を改めて神亀《じんき》元年として、天の日嗣《ひつぎ》の高御座《たかみくら》において天下を治める役割を、我が子である汝《なんじ》、首皇子に授けて譲る。

ここでは元明天皇や元正天皇が皇太子である首皇子（のちの聖武天皇）を「我が子」と呼んでいる。首皇子の父は文武天皇、元明は文武の母、元正は文武の姉である。すなわち、元明は首皇子の祖母、元正は伯母にあたる血縁関係である。にもかかわらず、それぞれ首皇子を子として扱っている。それは天皇という地位の継承で前天皇は新天皇のオヤであるという意識の表れなのである。

なお、天皇家の系譜意識としては文武天皇の即位宣命も興味深い。

高天原《たかまがはら》から始まって、遠い初代天皇の御代《みよ》、さらに中・今に至るまで、天皇の御子が次々に生まれて大八島《おおやしま》〔日本〕を治める順序として、高天原の皇祖神の御子のままに天におわす神が任せられた通りに、この天の日嗣の高御座と持統天皇の仰《おつしや》る命令を〔文武天皇が〕承り、〔後略〕

ここには天皇の系譜の画期について、神話、初代天皇と文武天皇の現在（「今」）をつなぐ画期として「中」という時期を設置している。天皇にとってその系譜は神話・初代から現在までは直結するのではなく、「中」という中間的な画期があったという歴史認識を表している。「中」とはさまざまな内容を含むが、その一つに応神天皇が意識されていたことは疑いない。先にホムタワケを始祖王と位置づけたが、それは後代には中間的な画期の天皇として再設定されたのである。

なお、五世紀の大王たちはホムタワケを始祖と見なしていたが、ホムタワケが最初の大王であってそれ以前に大王がいなかったということではない。五世紀の大王は、彼らにとって支配すべき世界を作り上げた偉大なる王としてホムタワケを位置づけた。それ以前の古い王とは隔絶した重要な王と見なされたのである。

豪族たちがそうであったように、王族集団も地位継承次第を持っていた。豪族たちと違うのは、王族集団の地位継承次第と倭国王としての地位継承次第が重なり合うように存在していたことである。

すなわち、讃グループが王位を保有していた時期は、讃や珍はグループのリーダーとしての地位継承次第と、始祖王ホムタワケ（あるいはそれ以前の王を含む）から讃・珍へと連なる王位の地位継承次第を保有していた。ところが、済が王位に即くと王位継承次第は改変を受ける。つまり始祖王の跡を引き継ぐのは済グループの歴代リーダーであり、彼らが王位継承次第のなかに組み込まれる。あるいは逆に済グループが王位を占めることによって傍系と化した讃グループの王たち、讃と珍が王位継承次第から排除され、逆に済グループの歴代族長が組み込まれた可能性がある。それこそが、讃と珍の系譜での比定がまったく不明瞭である理由ではないだろうか。

ワカタケルは本当に武なのか

もう一つ、王位継承を考えるときに避けて通れないのが、実在する大王としての稲荷山鉄剣に刻まれたワカタケルである。

辛亥年《しんがい》中記す。〔中略〕臣（ヲワケ）は代々杖刀人首《じょうとうじんしゅ》として仕えて今に至っている。ワカタケル大王の居処《きょしょ》がシキ宮に在ったとき、自分は天下を助け治めた。

鉄剣銘の「辛亥年」は四七一年と推定されている。稲荷山古墳の造営は五世紀末と推定されており、鉄剣銘の年代推定はこれと整合する。

これまでの研究では、武とワカタケルを同一人と見なして、銘文の年記から武は四七一年以前に即位していたと見なしている。さらに鉄剣銘に「天下を治める」という概念が現れたことに注目して、この頃には倭王権の権力が中国からの冊封に頼らないほどに成熟したと理解していた。それをふまえて、武は即位ののち長期間にわたって宋に派遣することがなかったと説明するのである。

しかし、この理解には疑問がある。武は四七一年以前に即位した。武の権力は中国の冊封を必要としないほど成長していた。しかし、四七八年に宋に派遣して中国官爵を要請した。武のみに対する叙爵要請であれば、高句麗との対抗上求めたと理解できなくもない。しかし、上表文では配下の王族・豪族への官爵も要求しており、国内支配とも結びついていたことは明らかである。いままでの理解は明らかに矛盾がある。

武の上表文は明確に中国官爵の授与を要求している。それは武や有力王族・豪族に及ぶものであり、列島の権力者たちは中国の権威に依存していた。仮に官爵の要求が武に限られたものであったとしても、武は中国からの冊封によってその権威を高めて国内支配に臨んだことは間違いない。そうでなければ宋への遣使の意味が説明できない。

五王たちが冊封を通じてその支配範囲を「天下」と位置づける権力を形成し始めていたことは認めてよい。第2章で言及した「王賜」銘鉄剣に見えるような五世紀半ばの「王」より成長していることは確実である。ただし、そのことと中国へ外交使節を派遣しなくなることとは別問題であり、単純に結びつけた説明では疑問が残る。

このような説明は、結局のところ宋に遣使した武と鉄剣銘のワカタケルを同一人として理解しようとしたために生じたものである。しかし、第3章で述べたように武は四七八年前後に即位して遣使したと考えられること、さらに本章で論じたように用字の問題から、武とワカタケルを同一人とするのは慎重に考えなければならない。

記・紀から解放すべき比定論

現時点で『宋書』倭国伝と稲荷山鉄剣銘を合わせて考える場合、当時の王について論じることができる可能性は次の通りである。

第一に、従来通り武とワカタケルを同一人と見なすこと。ただし、問題が多いことは先述の通りである。

第二に、武の即位を四七八年前後、興の在位をそれまでと考えて、四七一年時点での王を興と見なすこと。この場合、ワカタケルは興ということになる。ただし、ワカタケルという実名と「興」という名乗りが結びつかない点に問題がある。

第三に、四六二年に即位した興と四七八年の武の間に、宋に派遣しなかった王の存在を想定すること。それがワカタケルである。この場合、興は即位ののち遠からずして世を去ったと考えられる。また、上表文で武がワカタケルに言及していないことから、済グループとは異なる王族集団であったことになる。ただし、上表文の諒闇に関する言及と矛盾する。

第四に、鉄剣銘の「辛亥年」を四七一年ではなく五三一年と遅らせて考えること。稲荷山古墳は粘土槨《ねんどかく》と礫槨《れきかく》の二つの埋葬場所（主体部）が見つかっており、少なくとも二人が葬られている。鉄剣が出土したのは礫槨であるが、粘土槨・礫槨は後円部の中心からずれているため、未発見の主体部がもう一つあるという推定がある（高橋一夫）。そうだとすれば礫槨に葬《ほうむ》られたヲワケは追葬であり、古墳の造営年代に鉄剣銘の年代を合わせる必要はなくなる。ただし、五三一年まで埋葬の年代が下るかについては躊躇《ちゅうちょ》される。

現時点で筆者にも確定とする案はない。武とワカタケル、四七一年前後の王の問題は今後の課題として残される。

倭の五王が記・紀の天皇系譜のなかで誰に該当するのかという問題は、倭の五王が語られるようになってから一貫して中心的な問題であった。

しかし、天皇系譜は五世紀以来、政治的変動や歴史書の編纂のなかで追加や削除が繰り返されてきたものである。それをふまえずに誰に当てはまるかを議論しても、それは実りのある結論を生み出すことはない。倭の五王は、記・紀に拘泥せずにひとまずそれを切り離して五世紀の歴史を組み立ててみる作業が必要なのであり、本書はそのための露払いである。

終章

「倭の五王」時代の終焉――世襲王権の確立へ

武を最後の王として、五王は中国の視界から姿を消した。五世紀に頻繁に外交使節を派遣した五王は、なぜ突然派遣しなくなったのか。その原因と背景を探り、五世紀に倭の五王が東アジアに登場した意味について最後に考えてみたい。

1 対中外交の途絶――なぜ派遣をやめたのか

四七五年以降の東アジアの勢力構造

高句麗《こうくり》の南下、百済《くだら》の都漢城《かんじょう》失陥と前後して東アジアの状況も変わりつつあった。百済では四七五年に、難を逃れた文周《ぶんしゅう》が熊津《ゆうしん》を都として百済を復興した。四七六年には耽羅《たんら》（済州島）の勢力が百済と関係を結び、百済は復興に向けて南方へ勢力を拡大し始めた。

一方、倭国との連絡も取っていた。『日本書紀』では雄略天皇が百済を復興させたと記すが、これは『日本書紀』の筆法である。実際には百済復興の通知があり、それを承認した程度だろう。『日本書紀』は百済滅亡を雄略二〇年（四七六）と記しており、編纂の杜撰《ずさん》さが明白である。

百済復興の通知を受けて、倭国に滞在していた昆支《こんき》が百済に帰国した。文周王は有力貴族の解仇《かいきゅう》を四七六年に兵官佐平《へいかんさへい》に、四七七年に昆支を内臣佐平《ないしんさへい》に任命して国の立て直しを図った。それは昆支を通じて倭国との連携を強化するねらいもあったのであろう。

しかし、百済の政治状況は不安定であった。昆支は任命と同年に死去する。これに端を発して解仇は文周王を弑逆《しいぎゃく》して、新たに三斤王《さんきんおう》を立てて権力を掌握しようとした。しかし、その目論見はうまくいかず、四七八年に三斤王と対立し誅殺《ちゅうさつ》されている。

倭国は、解仇が文周王を殺害して三斤王を擁立するという政治的混乱のなかで、百済を通過して宋に使節を派遣したことになる。この時期の出来事は、百済滅亡と復興という混乱のなかで記録が錯綜《さくそう》しており、史料ごとに年次のずれが大きく解釈が難しい。三斤王も解仇殺害の翌年である四七九年に死んでいる。復興のなかで王権や貴族らの思惑が交錯し、流動的な政治情勢が続いていた。

『三国史記』には四七五年に百済が一時滅亡すると、倭国は新羅に対して軍事活動を展開したと記されている。さらに四七六年、四七七年と続けて新羅を攻撃している。これが史実とすれば、百済の退潮で連携に制約されなくなった倭国が新羅への攻撃というかたちで外交的に反応したといえる。それは高句麗の南下に対して、新羅が高句麗側へ付くことへの牽制とも捉えられる。

こうした倭国の対新羅強硬外交は四七七年でひとまず収まる。次に新羅に対して倭国が軍事攻撃を展開するのは四八二年であり、五年ほど動きが見えなくなる。その原因として推測されるのが興の死である。

興が死去し武が即位する国内状況のなかで武は宋への叙爵要請などその地位を確立する必要があり、対外的軍事活動はしばらく控えた可能性が考えられる。また、百済が復興して昆支が帰国したことから、百済との関係を再度念頭に置く必要が生じたことも想定される。

一方、高句麗は四七五年の漢城攻略ののち領土拡張の動きが止まる。対外的な動きは北魏《ほくぎ》や宋への遣使を行う程度である。これに関連して中国では、北魏で献文帝《けんぶんてい》が四七一年に先帝の皇后であった文明太后《ぶんめいたいこう》から迫られて、五歳の孝文帝《こうぶんてい》に譲位している。両者の対立は四七六年に献文帝の毒殺という結末を迎える。

高句麗がこうした北魏の政治状況をどこまで把握していたかわからないが、四七五年は両者の対立が激しくなっていたことは伝わった可能性がある。いずれにせよ、この間の政治は文明太后の垂簾聴政《すいれんちょうせい》によって行われており、対外的に積極的な活動は控えられていた。ひるがえって四七二年に百済の要請を断ったこともそうした状況が一因だろう。

宋はその命脈が尽きようとしていた。将軍の蕭道成《しょうどうせい》が台頭して反対派を鎮圧することで勢力を伸ばし、四七七年七月に皇帝を殺害し、新たに順帝《じゅんてい》を即位させた。四七七年と四七八年の倭国遣使はこのような情勢下に到来したものであり、使者たちは宋が滅亡直前であることは容易に察知できたであろう。四七九年には蕭道成は順帝から禅譲を受けて皇帝として即位し、南斉《なんせい》を建国する。自らの末路を予感した順帝は、次の生まれ変わりの際には皇帝の家にだけは生まれたくないともらしたという。そして、一ヵ月後に殺された。

蕭道成は即位して高帝《こうてい》となったが、新王朝もまた宋と同じ問題を抱えていた。高帝の出自は軍人上がりであり、貴族たちとの間に緊張関係が伏在していた。

最後の派遣はいつか

こうした情勢下で武はいつまで中国との外交を続けていたのか。上表文を奉呈した四七八年の派遣の直後の四七九年に宋が滅んだが、南斉との関係はいかなるものだったのか。その歴史書である『南斉書』倭国伝に倭国との関係が記されている。

建元《けんげん》元年（四七九）、官爵を進めて使持節《しじせつ》・都督倭新羅任那加羅秦韓《ととくわしらぎみまなからしんかん》〔慕韓《ぼかん》〕六国諸軍事《ろっこくしょぐんじ》・安東大将軍《あんとうだいしょうぐん》・倭王武に新たに任命して、鎮東《ちんとう》大将軍とした。

また、南斉は五〇二年に滅び、梁《りょう》が建国される。『梁書』にも倭国のことが見える。車騎《しゃき》将軍《しょうぐん》高句驪《こうくり》王高雲《おうこううん》を進めて車騎大将軍と号し、鎮東大将軍百済王餘大《よだい》を進めて征《せい》東《とう》大将軍と号し、安西《あんせい》将軍宕昌王《とうしょうおう》梁彌領《りょうびがん》を進めて鎮西《ちんぜい》将軍と号し、鎮東大将軍倭王武を進めて征東大将軍と号し、鎮西将軍河南王吐谷渾《かなんおうとよくこん》休留代を進めて征西《せいせい》将軍と号した。

これらの史料によれば、四七九年に武は安東大将軍から鎮東大将軍に昇格し、五〇二年にさらに征東大将軍へと進んだことになる。

しかし、この記事から外交関係が続いていたと断定することはできない。五王研究の第一人者である坂元義種は、これらの記事は武が派遣したのではなく、新王朝の成立の際の記念の昇進であると論じた。たしかに昇進したとだけ記されており、使節が到来したとは書かれていない。特に『梁書』では諸国の称号が一斉に昇格しており、坂元の指摘はこれまで合理的な史料解釈として受け入れられてきた。

新史料は何を語るか

ところが、二〇一一年に新史料が発見された。清《しん》の時代の人である張庚《ちょうこう》の「諸番職貢図巻《しょばんしょくこうずかん》」である。これは梁の元帝《げんてい》（在位五五二〜五五四）の時代に作成された梁職貢図と呼ばれる書画の模写の一部である。

そもそも職貢図とは、中国に到来した諸外国の姿を描き、横に題記《だいき》（図の国について解説する一文）が記されたものである（榎一雄、深津行徳）。現在は三種類の模写が残されているが、図のみ残されている模本が二種、図と題記が揃っているのは一種のみであり北宋《ほくそう》の一〇七七年に模写されたので北宋模本と呼ばれる。

北宋模本の倭国使の図は有名であり、見たことのある人も多いだろう。その倭人の姿は、前が開いた打掛《うちかけ》のような布を羽織り、裸足である。南国的な装束であり、埴輪《はにわ》などから想像される倭人とはまったく異なる。題記は途中で途切れており、後半は残っていない。

「諸番職貢図巻」も、もとは図と題記が揃っていたが現存していない。ただし、『愛日吟廬書画続録』に「諸番職貢図巻」の題記のみをまとめたものが収録されていたのが、今回新たに発見された。

倭国は東南大海の中にある。山島にいて居住地としている。気候は温暖で、珍しい珠や青玉が取れる。牛・馬・虎・豹・羊・鵲はいない。男子は皆顔や全身に入れ墨をしている。木綿で頭を包み、衣は横に幅広く縫わない。ただ束ねて連ねるのを良しとする。水に潜って魚蛤を獲る。婦人はただ髪を束ね、衣服は単衣《ひとえ》のようなもので、そこに穴を空けて着る。男女とも裸足を好む。丹を体に塗る。稲・禾《あわ》・麻・苧《からむし》を植え、蚕・桑を飼い、紬布《しゅうふ》・縑錦《けんきん》を作る。武器は矛・盾を用い、木の弓箭《きゅうせん》には骨で矢じりを作る。手で食事をし、器は高坏《たかつき》を使う。死ぬと棺《ひつぎ》に納めるが槨はない。斉建元中、表を奉じて貢献してきた。

5-1　梁職貢図 倭国使

衣服や裸足の記述は北宋模本の図と符合し、図は題記に基づいて書かれたことがうかがわれる。この文章は『魏志』倭人伝の内容とほぼ一致し、『魏志』倭人伝の改変であること

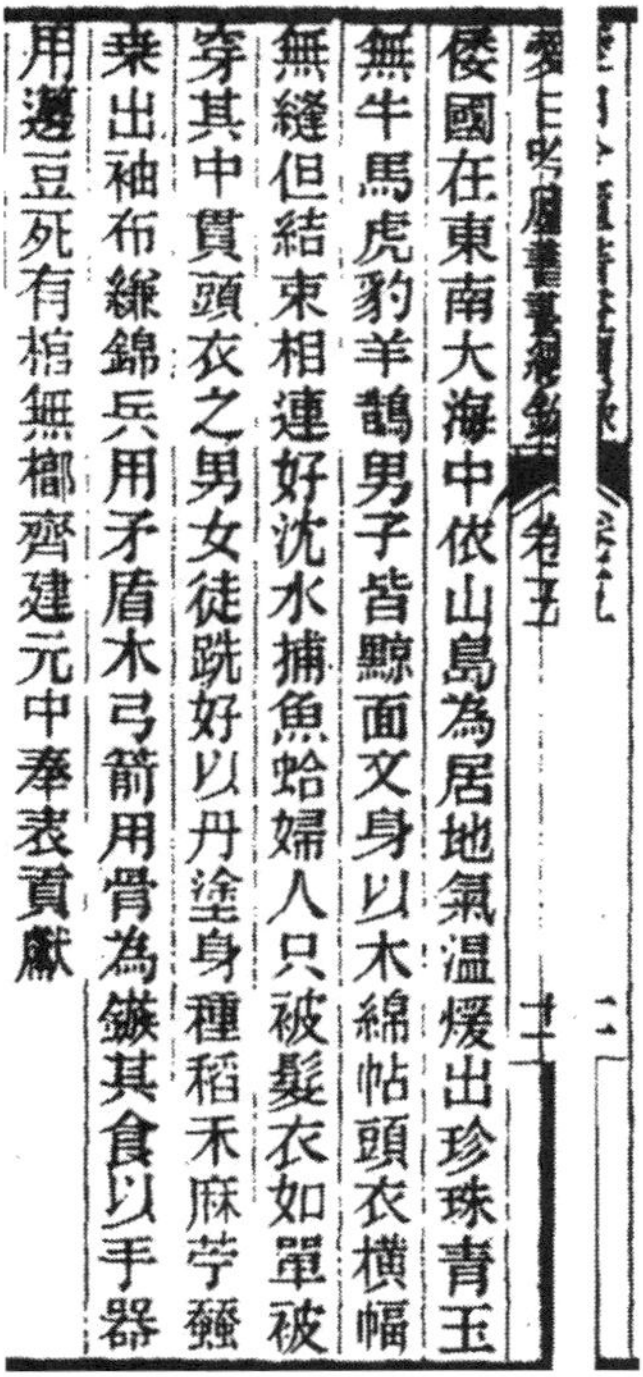
愛日吟廬書畫續錄　卷五

倭國在東南大海中依山島為居地氣温煖出珍珠青玉
無牛馬虎豹羊鵲男子皆黥面文身以木綿帖頭衣橫幅
無縫但結束相連好沈水捕魚蛤婦人只被髮衣如單被
穿其中貫頭衣之男女徒跣好以丹塗身種稻禾麻苧蠶
桑出紬布縑錦兵用矛盾木弓箭用骨為鏃其食以手器
用籩豆死有棺無槨齊建元中奉表貢獻

5-2　愛日吟廬書画続録

がわかる。

ところが諸番職貢図巻には末尾に斉（南斉）の建元のときに表（外交文書）を持ってきたという一文がある。建元年間は南斉の建国時の年号であり四七九年から四八二年までである。先述のように『南斉書』に武の官爵を進めたことが記されている。これまで派遣はなかったが形式的に昇進させたものと考えられてきたが、諸番職貢図巻によれば使節が実際に到来したことになる。

問題の箇所は諸番職貢図巻という時代的に新しい史料でしか確認できず、その扱いについて慎重な意見もある。諸番職貢図巻より古く、前半部分だけ残っている北宋模本の倭国使の題記は破損して後半が欠落しているが、残された前半部と諸番職貢図巻を比べると、字句の異同はあるが、付加された箇所はない。それをふまえると、問題の末尾の記述も無下にはできない。梁職貢図の題記は『魏志』倭人伝と別の史料を合成して作られたものということになる。

この記事が事実であり『南斉書』の記事とリンクするならば、展開は二つ考えられる。一つは、四七九年に武が使節を派遣してそのときに任命されたケース。もう一つは、南斉が建国直後に王朝開基を祝して一斉進号を実施し、そののち武の使節が到来したケースである。いずれにせよ、武は南斉に一度遣使して、それを最後として派遣しなくなったということになる。

なぜ武は派遣を中止したのか

そもそも武が中国に外交使節を派遣しなくなった原因について、これまでどのように考えられてきたのか。それは五世紀の倭国と東アジアとの関係の変化に対する評価に他ならない。これまで主に三つの論点が提示されている。そのポイントと問題点を確認したい。

第一に、交通ルートの問題と捉える説である（川本芳昭）。

第3章で述べたように、四六九年に山東半島の領有が宋から北魏に移った。その結果、倭国から南朝に使者を派遣することが困難になったため、派遣が途絶したという考え方である。外交関係を具体的な交通ルートの状況から把握しようとする視点は、歴史のディテールを理解するために必須のものである。その点を喚起するルート説は傾聴に値する。

四六九年以降の百済や倭国の中国への派遣を見れば、たしかにその数は激減する。ルート説の指摘は説得力を持つ。ただし、それによって外交が不可能になったわけではない。百済は四七一年に宋に遣使している。倭国も四七七年、四七八年に派遣を実現させている。このことは、北魏が山東半島を領有するようになっても、百済や倭国は南朝との関係を断念したわけではないことを示している。つまり、武の遣使途絶の説明としては弱い。

第二に、中国の革命思想と関連付けて理解する説である（前之園亮一）。

南朝では四七九年に宋が滅び、そののち南斉、梁、陳《ちん》と短命の王朝が続く。これらの王朝は皇帝の出自がそれほど高い身分ではなく、それに対して倭国が遣使の価値を認めなかったという考え方である。この説の根底には、中国王朝の交替を東アジア諸国はどのように受け止めたのかという視点がある。

この説の問題点は、革命思想と皇帝の出自を結びつけたところにある。第1章でも触れたが、宋の皇帝も元の身分はそれほど高いものではなかった。皇帝の出自を問題視して外交を取りやめたとするならば、そもそも宋との外交も継続しなかったはずである。

第三に、倭国が自国を「天下」と位置づけて中国から離脱しようとしたという説である（西嶋定生）。

前章でも触れたように、稲荷山鉄剣《いなりやまてっけん》や江田船山大刀銘《えたふなやまだいとうめい》に「天下」という概念が出現したことを重視する。支配体制の成熟によって中国からの冊封を必要としなくなったと見なす考え方といえる。現在もっとも支持を得ている説であり、もっともなように見える。

だが、権力の成熟と冊封関係からの離脱の二つを直接的に結びつけることには注意が必要である。この説明では、中国の周辺国は成長すると冊封関係から離れようとすることになる。しかし、周辺国すべてが冊封関係を否定するようになるかといえば、そうではない。歴代の朝鮮半島の国々は冊封関係を維持し続けた。何より日本も、状況に応じて冊封関係を受け入れた。足利義満のケースはよく知られるところである。

三つの考え方は重要な視点を含み、当時の倭王権の性質を考えるうえで示唆に富む。一方でそれぞれ指摘したように、問題を孕《はら》んでいる。では外交の途絶はどのように理解すべきなのか。それには、五世紀の倭国を南朝との外交の目的のなかから考える必要がある。

これまで見てきたように、宋との外交の目的は官爵の授与にある。授与された官爵は、国内的には将軍号の再分配や府官制という仕組みとして倭王権の権力強化に利用され、対外的には百済や高句麗との競合の際の地位として意味を持っていた。逆にいえば、外交をやめることは、中国官爵を授からなくなるということであり、倭国王として列島に君臨し、東アジアに臨むための手段を放棄することであった。それは倭の五王が一貫して構築してきた権力のあり方に変更を迫るものであった。

2　倭王権の変貌――継体大王の即位

加耶の自立と解体

武が東アジアから姿を消したのちの国際状況を略述しておこう。

百済では四七九年に三斤王が亡くなる。『日本書紀』では昆支の第二子、末多《また》が倭国に滞在しており、兵五〇〇を付けて帰国させて王としたとある。東城王《とうじょうおう》である。これによれば、昆支が百済に帰国したのちも倭国に残って両国の関係のパイプ役を担っていた。倭国が即位を支援したのも倭国に友好的な王の登場を期待してのことであった。

四七九年は南斉が成立した年でもあるが、南斉は倭国以外にも高句麗王を車騎大将軍から驃騎《ひょうき》大将軍に進めている。百済は、翌四八〇年に南斉に遣使して使持節都督・百済諸軍事・鎮東大将軍を授けられている。倭国・高句麗に比べて百済だけ出遅れ、かつ進号がない。倭国王と百済王はここに将軍号が並ぶことになった。しかし、倭国が南斉との関係を重視しなかったことは遣使がなくなることからも明らかであり、将軍号を軸とした序列認識は東アジアのなかで意味を失いつつあった。

もう一つ注目したいのが、加耶《かや》の動向である。四七九年に加羅国《からこく》の王である荷知《かち》から南斉に遣使があった。この加羅国は第2章でも触れたように大加耶《だいかや》である。荷知は『三国遺事』に見える嘉悉王《かしつおう》に比定される。小国の集合体である加耶は百済や新羅に比べて政治的統一が遅れていたが、この頃に連合体としてまとまり始めていた。その盟主が大加耶であった。

四七五年に百済が一時的にとはいえ滅亡したことによって、大加耶は南斉に使節を派遣することが可能になった。四七九年の遣使は、加耶諸国が朝鮮半島に四番目の国家を形成する可能性を秘めていたことを示す。ただし、衰えたとはいえ文周王・三斤王によって百済は復興しつつあった。大加耶が単独で半島西岸を通って中国に使節を派遣することは不可能ではないが、南斉建国というタイミングをねらった派遣をふまえると、加耶にそうした情報を伝え派遣を手助けする力が働いていたように見える。百済の南斉遣使が四八〇年であることから除外すると、倭国の関与の可能性が浮上する。倭国の南斉遣使の可能性も合わせると、倭国・加耶が同時に遣使したという推測もできる。

ただ、結局加耶諸国の中国遣使はこの一度きりでその後見えなくなる。こののち百済は国力を回復するために朝鮮半島南西部、馬韓に勢力を伸ばす。それが五世紀末から六世紀前半にかけての栄山江《えいざんこう》流域への進出である。また、同時期に新羅が加耶への侵攻を開始する。加耶は百済や新羅に蚕食《さんしょく》され解体していく。加耶の国家形成の可能性はそこで閉ざされるのである。

高句麗対百済・新羅

ところで、高句麗は百済に大きなダメージを与えたことで、次の標的を新羅に定めたらしい。四八〇年代に入って、新羅に対して攻勢をかけた。四八一、四八四、四八九、四九四年に断続的に新羅を攻撃している。

四八四年には百済が新羅を支援し、翌年に一時滅亡以前の関係を回復させている。それは、東城王が新羅との関係を重視する政策を採ったことを意味する。さらに四九五年には新羅に婚姻を申し込み、新羅の有力者の娘を娶《めと》っている。百済と新羅の関係は婚姻同盟を通じてさらに強固になった。

この頃の倭国の対外的動向ははっきりしないが、四八二、四八六年に新羅に対する襲撃を再開させている。この行動は二つの解釈ができる。

一つは、百済と新羅の同盟が倭国を利するものではなかったためにその妨害活動であった可能性である。倭国にとっては百済・新羅・加耶諸国から個々に自国への求心力が働くことが望ましいのであり、百済と新羅の連携はそれを阻害するものであった。倭国が新羅襲撃を五年ぶりに再開させたのは、東城王を親倭国派の王として捉え、百済の反対を封じ込められると思ったのであろうか。

もう一つは、新羅への襲撃が倭王権の意思から外れたところで行われた可能性である。第2章で触れたように、当時の軍事活動は豪族がそれぞれ軍を率いていた。後述のように当時の倭王権は五王の活動が活発だった頃に比べて勢力が低下し、結果として豪族の独自の行動を抑制できなかった可能性がある。

事実かどうか甚だ怪しいが、『日本書紀』顕宗《けんぞう》紀には、三韓の王を名乗って加耶で自立し、高句麗と交通した紀生磐《きのおいわ》という人物が記されている。六世紀前半に筑紫君磐井《つくしのきみいわい》は朝鮮半島の国々と独自の交流を展開した。この時期の倭国は決して一枚岩ではなかったのである。

そうした情勢下で四九〇年に北魏が百済を攻撃した。海を越えて襲来したことになるが、中国が百済を直接攻撃するのはきわめて異例である。のちの六六〇年に百済を滅亡させることになった唐の侵攻を除いて他に例を見ない。同年は北魏の文明太后が亡くなり、孝文帝が親政を開始した年でもあるが、国際関係に大きな動きはない。北魏国内で皇帝の力を誇示する示威行動と推定するのが穏当であろう。百済はこれを撃退し、四九五年の南斉への上表でそのことを報告している。

これと前後して、四九一年に七八年の長期にわたって高句麗に君臨した長寿王が死去した。彼が倭の五王とともに五世紀の東アジアの核となる人物であったことは間違いない。その長すぎる在位は、後を継ぐべき王子の助多《じょた》が先に死ぬという事態をもたらした。王位を嗣いだのは助多の子、王孫の羅雲《らうん》であった。文咨明王《ぶんしめいおう》である。文咨明王も、長寿王の対外政策を堅持して新羅や百済への攻勢を繰り返している。

四九〇年代の倭国は散発的に姿を現すにすぎない。五世紀末から六世紀前半の東アジアの対立軸は、それまでの高句麗・百済・倭国の鼎立《ていりつ》から高句麗対百済・新羅という形勢にシフトしたのである。

継体大王の登場

この時期の倭王権の状況は文献からはよくわからない。参考までに述べておくと、雄略天皇の没年は『古事記』では「己巳《きし》年八月九日」すなわち四八九年であるのに対して、『日本書紀』では雄略二三年（四七九年）となり、一〇年のずれがある。

雄略天皇の前王である安康天皇やその後の清寧・顕宗・仁賢・武烈の各天皇は『古事記』に没年すら書かれていない。さらに顕宗天皇や武烈天皇には皇子もいなかったという。それゆえ、これらの天皇の何人かは実在しないフィクションであったとも考えられていることは第4章で述べた。

確実にいえることは、この時期に倭の五王は南朝への遣使をやめるようになり、中国だけではなく朝鮮諸国との交渉も低下していることである。こうした傾向、特に倭王権が掌握していた中国外交の停滞は倭国内で政治的な混乱があったことを示唆する。

これを裏付けるのが六世紀初頭における継体《けいたい》大王の登場である。継体大王は即位前の名をオホド王といい越前・近江に勢力を有していたが、ホムツワケ五世の子孫と称して五〇七年に河内樟葉宮《かわちくずはのみや》で即位した。『日本書紀』では武烈天皇が亡くなると、大伴金村《おおとものかなむら》が仲哀天皇五世孫の倭彦王《やまとひこのおう》を迎えようとして失敗し、物部麁鹿火《もののべのあらかひ》・巨勢男人《こせのおひと》らと諮って即位を要請したという。

オホド王はホムツワケ五世孫という系譜によれば五王とは系統を異にする。だが五世紀には倭姓を名乗っていた王族集団の出身と認めてよいだろう。即位に際して大伴・物部・巨勢という大豪族が推戴《すいたい》し、継体大王も即位直後に彼らの地位を承認している。こうした行為はオホドが即位以前から一定の勢力を持ち、ヤマトの豪族たちも認めていたことを意味する。

とはいえ、継体大王の立場は当初から確立したものではない。そもそもヤマトではなく河内での即位が、継体大王を受け入れない勢力が一定の規模で存在したことを物語っている。山背《やましろ》の弟国《おとくに》（乙訓《おとくに》）を経て継体大王が磐余玉穂宮《いわれたまほのみや》に居を構えてヤマト入りを実現するのは即位二〇年目のことである。

王位の世襲化と王統の確立

継体大王の王としての立場は脆弱であった。それは次の王への王位継承が不安定であることを意味する。おそらく継体大王はそれを自覚しており、その安定化にも意を注ぐ。王位継承候補者を絞り込むシステムとして大兄《おおえ》という制度を創出する。大兄制度とは、同じ母から生まれた王子たちの小集団の代表を大兄と呼んで王位継承候補者とする仕組みである。この制度は七世紀後半まで機能することになる。

こののち大王の王統は紆余曲折を経るものの継体大王の子孫が引き継ぎ、その目論見は成功したといってよいだろう。王位継承は複数の王統のなかから最有力者が即位する方式から、近親が引き継ぐ方式へと変わり、王位の世襲化が強まっていく。

このことは逆にいえば、五王を輩出した二つの王統が両者とも衰退したということでもある。武の最後の遣使から二〇年ほどで、二つの王族集団は王としての適任者を出すことができなくなっていた。

『日本書紀』はそれを暴虐な武烈天皇の責任と評価する。妊婦の腹を切り裂き、人を木に登らせてその木を切り倒すなど、およそ君主としてふさわしくない行為が書き連ねられている。そうした行動によって天命が武烈天皇の王統から離れ、継体天皇の即位に帰結するというのが『日本書紀』の論理である。それは天命思想を学んだ、『日本書紀』を編纂した八世紀の人々の考え方であり、当時の実態ではない。

では五世紀の末に二つの王族集団が途絶えてしまったのか。百舌鳥《もず》古墳群も古市《ふるいち》古墳群も巨大前方後円墳の築造はなくなっていくものの、六世紀前半までは続いている。そうであるとすれば継体大王の時代にはまだ五王を輩出した王族集団は存在していたことになる。『日本書紀』では継体天皇は、武烈天皇の姉である手白香皇女《たしらかのひめみこ》を娶ったという。これをふまえると、五世紀に並立していた王族集団は衰絶していくというよりは、婚姻によって統合されていくと捉えるべきなのかもしれない。

宋の崩壊と新秩序

五世紀初頭に中国南朝への使節の派遣を開始した倭国の王は、五世紀後半に遣使を行わなくなった。この問題について、これまで五世紀を通じて中国の冊封に頼らない自立的な支配を形成してきたことによるという理解が一般的であった。

しかし、武が派遣しなくなり、継体大王が登場する約二〇年間はむしろ倭国内は政治的に混乱していた可能性が高い。それは、武が強力な権力を作り上げたという考え方とは合致しない。

そもそもなぜ派遣しなくなったのか。遣使終焉の時期の国際的情勢を考慮すると、やはり宋の滅亡が大きな要因だろう。先に紹介した学説のなかに革命思想と関連付ける説があった。この考え方は重要である。それは建前のように捉えられがちだが、古代に限らず国際関係では名分が重視される。

五王が倭国王に任じられたのは宋皇帝からの冊封である。すなわち五王は宋皇帝と君臣関係を結んで倭国王、安東（大）将軍、使持節都督六国諸軍事の官爵を獲得し、国内の王族・豪族や朝鮮諸国との関係にそれを利用して権力を構築した。五王にとって自らの権力を保証する淵源《えんげん》は宋皇帝にあると意識されていた。権力の正当性の根拠であった。

そのような自覚は五王だけではなく百済王にも共通するものであっただろう。それゆえに、倭国王と百済王は協力関係にありながら競合関係でもあった。いわば宋王朝の冊封関係というルールのなかで国際関係の事案に向き合っていたといえる。

ところが四七五年の百済滅亡と四七九年の宋滅亡は、五王たちにとってアクセスしていた国際世界におけるルールが変化することを突きつけられた。新たな王朝が東アジアにどのように関与するのか探る意味を含めて、南斉建国時に一回遣使した可能性がある。しかし、南斉は倭国にとってその権力の正当性を保証するものとは受け止められず、派遣は途絶したのだろう。

類似したケースは過去にも一度ある。親魏倭王に冊封された卑弥呼とその後継者の台与《とよ》は魏との外交を展開した。『魏志』倭人伝には卑弥呼の死後、台与が一度派遣したことが記されているが、『晋書』倭人伝にはその後の外交関係が記されている。それによると魏が二六五年に滅亡して西晋が成立する情勢下で、二六六年に一度だけ西晋に派遣している。しかし、その一度だけで西晋には派遣しなくなる。

もちろん卑弥呼・台与の時代と五王の時代を同じように捉えることはできない。ただ、取り結んでいた冊封関係から離脱するという行動が、その王朝（魏・宋）が滅亡する事態と連動している共通点は見過ごすべきではない。

国内の権力が成熟したため冊封関係から離脱したという説明はもっともらしい。だがそれは一国史的な観点に囚われている。むしろ、いまだ形成途上にある倭王権は東アジアの諸関係を抜きにしては成り立ち得なかった。それは具体的には加耶の鉄であり、百済や新羅からもたらされる文物であり、そして高句麗の国際的圧力さえもその一要素であった。

五王が宋に期待していたのは東アジアを律する秩序規制であり、官爵はそれが具現化したものであった。南斉を建国した蕭道成は四七八年に武が遣使したときには驃騎大将軍であった。武にとっては、中国の国家であり、格上とはいえ、かつて同じ宋皇帝の臣下であった蕭道成が皇帝を名乗ることは認めがたいことであったのではないか。それゆえ、依拠していた皇帝の権威が破綻したとして中国との外交を打ち切ったのである。

そこに倭国内の混乱という事態が発生する。それを収拾する過程で支配体制は変革された。五世紀に、五王は倭姓を名乗る王権が無姓の人々を治める体制を作り上げた。それに対して六世紀の王権は大王が姓を持たず、豪族以下民衆までの人々に姓を授けて、その上に君臨するという体制への一大変革を実現したのである。それがどのように果たされたのかということは本書の課題を超えるものであり、ここでは述べない。

それと軌を一にするのが継体大王の即位と世襲する王権の成立であり、倭の五王の実像は忘却の彼方へと消えてゆく。それが再び思い起こされるには、およそ一〇〇〇年後の室町時代の瑞渓周鳳まで待たなければならない。

あとがき

中学か高校かすでに記憶が曖昧であるが、日本史の授業を受けていて違和感を持ったことがあった。それは日本史の教師の次のような説明であった。埼玉県の稲荷山古墳で出土した鉄剣に「獲加多支鹵《ワカタケル》」と記されている。『日本書紀』では「幼武《ワカタケル》」という名の雄略天皇のことである。また、『宋書』倭国伝に出てくる「武」という倭国の王は「幼武」の略であり、三つの異なる史料にその名を確認することができる——。

最初はなるほどと思ったが、釈然としない違和感も拭《ぬぐ》えなかった。

「稲荷山鉄剣の「獲加多支鹵」と『日本書紀』の「幼武」が結びつくという点は問題ない（いまとなってはこれも問題だが）。中国の史料である『宋書』に「武」と記されたということは、宋の人々は武を〝ム〟と呼んでいたのではないか。なぜそれがワカタケルと同一であるといえるのか」

違和感の正体は、稲荷山鉄剣の獲加多支鹵《ワカタケル》や『日本書紀』と中国史料である『宋書』の「武」を結びつけたことであった。内気な筆者は質問することができず、そのときはその疑問をそのままにした。

日本古代史に本格的に取り組もうと大学院に進学し、倭の五王関連の論文も読んだ。そのなかで讃・珍・済・興・武という五王たちの一字名は、五王の側からの名乗りであると学んだ。しかし、新たな疑問が頭に浮かんだ。

「ワカタケルが武であるとすれば、ワカタケルはなぜ「獲加多支鹵」という書き方で宋に名乗らなかったのか。一字一音のほうが宋人に適切に名を呼んでもらえそうなものだが、なぜそうした方法をとらなかったのか」

一字の名は高句麗や百済からの影響であるという論文も読んだ。国際的な視点は非常に参考になった。しかし、疑問は残る。

「名前を一字で名乗るなら、五世紀の書き方である「獲加多支鹵」から一文字を選べばよい。なぜわざわざ宋人が読めない〝武《タケル》〟という訓仮名にする必要があるのか。そもそも五世紀に〝武〟をタケルと読む訓はすでにあったのだろうか」

そんなことを考えているときに、畏友江草宣友君から國學院大學の国史学会で何か報告しないかと誘われ、「倭王武の上表文と文字表記」という題目で報告した。二〇〇一年のことである。

これが本書の出発点である。それから十数年ぼんやりと倭の五王について考えていた。そのなかでも故石井正敏さんから『日本の対外関係』というシリーズ本に倭の五王の論文を書くように言われたことは、私にとって大切な思い出である。このときの論文が本書の土台となっている。声をかけてくださった石井さんの期待に果たして応えられただろうか。本書を読んでいただけないのは痛恨の極みである。

そんなときに中公新書編集部の白戸直人氏から何か書かないかと声をかけてもらった。気鋭の研究者である遠藤慶太氏や河上麻由子氏が推薦してくださったという。いま書きたいテーマはあるかと聞かれたので、倭の五王について書きたいと答えた。意外な顔をされた。当時遣唐使の専門書を上梓しており、それをふまえて遣隋使が念頭にあったようである。ただし、十数年抱えていた、倭の五王という課題に取り組む好機として無理を聞いてもらった。

書き始めると意外に難渋した。倭の五王について第一人者の坂元義種氏、新書では藤間生大氏、近年では森公章氏がそれぞれこのテーマで素晴らしい本を書いている。同じ内容では書く意味がない。

五世紀の倭国のことを記す日本の史料は『古事記』『日本書紀』がその中心にあることは間違いない。ただし、両書は複雑な成立過程を経ている。継体天皇以前については特にそれが顕著である。その追究をなおざりにして、内容の当否を論じても説得力のある結論には行きつかない。本書に意義があるとすれば、記・紀に多少言及するにしても依拠せず、中国・

朝鮮史料や考古学的な成果から描き出したことであろうか。日本考古学は中国・朝鮮史料までは目が届きにくく、逆も然りである。日本古代史という立場はその両方に目配りできるところに強みがある。

もちろん、中国史・朝鮮史・考古学のプロパーから見れば本書の理解には不足の点も多々見えることであろう。その際はご教示いただければ幸いである。

ひとたび書き上げてもそれで終わりとはいかない。白戸氏から、話のテンポが途切れている、読者が求める内容とずれている、もっとわかりやすく書きなさい、など温かくも厳しい指摘を受けた。読者を意識した書き方というものを教えてもらった。そのおかげで当初の構想よりまとまりのよい内容になったと自負している。

本書は通説に異を唱える内容を含んでいる。しかし、学問とは既成の通念を問い直すことを旨とするものだと考える。本書でそれが成功しているか否かは読者の判断を待つことにしたい。

二〇一七年一〇月

河内春人

原文史料

『晋書』安帝本紀

・(義熙九年)是歳、高句麗倭夷及西南夷銅頭大師並献方物。
(義熙九年)是歳、高句麗・倭夷及び西南夷・銅頭大師、並びに方物を献ず。

『義熙起居注』(『太平御覧』所引)

・倭国献貂皮人参等。詔賜細笙麝香。
倭国、貂皮・人参等を献ず。詔して細笙・麝香を賜う。

『宋書』文帝本紀

・(元嘉七年春正月)是月、倭国王遣使献方物。
(元嘉七年春正月)是月、倭国王遣使して方物を献ず
・(元嘉十五年四月)己巳、以倭国王珍為安東将軍。是歳、武都王河南国高麗国倭国扶南国林邑国並遣使献方物。
(元嘉十五年四月)己巳、倭国王珍を以て安東将軍と為す。是歳、武都王・河南国・高麗国・倭国・扶南国・林邑国並びに遣使して方物を献ず。
・(元嘉二十年)是歳、河西国高麗国百済国倭国並遣使献方物。
(元嘉二十年)是歳、河西国・高麗国・百済国・倭国並びに遣使して方物を献ず。

・(元嘉二十八年) 秋七月甲辰、安東将軍倭王倭済進号安東大将軍。
(元嘉二十八年) 秋七月甲辰、安東将軍倭王倭済、進みて安東大将軍と号す。

『宋書』孝武帝本紀
・(大明四年十二月丁未) 倭国遣使献方物。
(大明四年十二月丁未) 倭国遣使して方物を献ず。
・(大明六年三月) 壬寅、以倭国王世子興為安東将軍。
(大明六年三月) 壬寅、倭国王世子興を以て安東将軍と為す。

『宋書』順帝本紀
・(昇明元年) 冬十一月己酉、倭国遣使献方物。
(昇明元年) 冬十一月己酉、倭国遣使して方物を献ず。
・(昇明二年) 五月戊午、倭国王武遣使献方物、以武為安東大将軍。
(昇明二年) 五月戊午、倭国王武、遣使して方物を献ず。武を以て安東大将軍と為す。

『宋書』夷蛮伝倭国条 (倭国伝)
・倭国在高驪東南大海中、世修貢職。高祖永初二年、詔曰、「倭讃万里修貢、遠誠宜甄、可賜除授。」太祖元嘉二年、讃又遣司馬曹達奉表献方物。讃死、弟珍立、遣使貢献。自称使持節・都督倭百済新羅任那秦韓慕韓六国諸軍事・安東大将軍・倭国王。表求除正、詔除安東将軍・倭国王。珍又求除正倭隋等十三人平西・征虜・冠軍・輔国将軍号、詔並聴。二十年、倭国王済遣使奉献、復以為安東将軍・倭国王。二十八年、加使持節都督倭新羅任那加羅秦韓慕韓六国諸軍事・安東将軍如故。幷除所上二十三人軍郡。済死、世子興遣使貢献。世祖大明六年、詔曰、

「倭王世子興、奕世載忠、作藩外海、稟化寧境、恭修貢職。新嗣辺業、宜授爵号、可安東将軍・倭国王。」興死、弟武立、自称使持節都督倭百済新羅任那加羅秦韓慕韓七国諸軍事・安東大将軍・倭国王。順帝昇明二年、遣使上表曰、「封国偏遠、作藩于外、自昔祖禰、躬擐甲冑、跋渉山川、不遑寧処。東征毛人五十五国、西服衆夷六十六国、渡平海北九十五国、王道融泰、廓土遐畿、累葉朝宗、不愆于歳。臣雖下愚、忝胤先緒、駆率所統、帰崇天極、道逕百済、装治船舫、而句驪無道、図欲見呑、掠抄辺隷、虔劉不已、毎致稽滞、以失良風。雖曰進路、或通或不。臣亡考済実忿寇讎、壅塞天路、控弦百万、義声感激、方欲大挙、奄喪父兄、使垂成之功、不獲一簣。居在諒闇、不動兵甲、是以偃息未捷。至今欲練甲治兵、申父兄之志、義士虎賁、文武效功、白刃交前、亦所不顧。若以帝徳覆載、摧此強敵、克靖方難、無替前功。窃自仮開府儀同三司、其余咸各仮授、以勧忠節。」詔除武使持節都督倭新羅任那加羅秦韓慕韓六国諸軍事・安東大将軍・倭王。

　倭国は高驪の東南の大海中に在り、世々貢職を修む。高祖永初二年、詔して曰く、「倭讃は万里に貢を修め、遠誠宜しく甄わすべく、除授を賜うべし。」太祖元嘉二年、讃又司馬曹達を遣わして表を奉り方物を献ず。讃死し、弟珍立ち、遣使して貢献す。自ら使持節・都督倭百済新羅任那秦韓慕韓六国諸軍事・安東大将軍・倭国王と称す。表して除正を求む。詔して安東将軍・倭国王に除す。珍又倭隋等十三人に平西・征虜・冠軍・輔国将軍号を除正せんことを求め、詔して並びに聴す。二十年、倭国王済遣使して奉献し、復た以て安東将軍・倭国王と為す。二十八年、使持節都督倭新羅任那加羅秦韓慕韓六国諸軍事を加う。安東将軍は故の如し。并せて上る所の二十三人を軍・郡に除す。済死し、世子興遣使して貢献す。世祖大明六年、詔して曰く、「倭王世子興、奕世忠を載せ、藩を外海に作し、化を稟けて境を寧んじ、恭しみて貢職を修む。新たに辺業を嗣ぎ、宜しく爵号を授くべし。安東将軍・倭国王なるべし。」興死し、弟武立ち、自ら使持節都督倭百済新羅任那加羅秦韓慕韓七国諸軍事・安東大将軍・倭国王と称す。順帝昇明二年、遣使して上表して曰く、「封国は偏遠にして藩を外に作す。昔より祖禰、躬ら甲冑を擐き、山川を跋渉し、寧処に遑あらず。東のかた毛人五十五国を征し、西のかた衆夷六十六国を服し、渡りて海北九十五国を平らぐ。王道は融泰にして、土を廓き畿を遐かにす。累葉朝宗して歳を愆たず。臣、下愚と雖も、忝なくも先緒を胤ぎ、統ぶる所を駆率し、天極に帰崇す。道は百済を逕て、船舫を装治す。而るに句驪無道にして、図りて見呑せんと欲し、辺隷を掠抄し、虔劉すること已まず。毎に稽滞を致し、以て良風を失う。路を進むと曰うと雖も、或いは通じ或いは不なり。臣の亡考済、実に寇讎の天路を壅塞するを忿り、控弦百万、義声感激し、方に大挙せんと欲す。奄かに父兄を喪い、垂成の功をして一簣を獲ざらしむ。居しく諒闇に在り、兵甲を動かさず、是を以て偃息して未だ捷たず。今に至るまで甲を練り兵を治め、父兄の志を申べんと欲す。義士虎賁、文武功を効し、白刃前に交わるも亦た顧ざるところなり。若し帝徳の覆載を以て此の強敵を摧かば、克く方難を靖んじ前功を替つること無からん。窃かに自ら開府儀同三司を仮し、其の余は咸く各おの仮授し、以て忠節を勧めん。」詔して武を使持節都督倭新羅任那加羅秦韓慕韓六国諸軍事・安東大将軍・倭王に除す。

『南斉書』東南夷伝倭国

・倭国、在帯方東南大海島中。漢末以来、立女王。土俗已見前史。建元元年、進新除使持節都督倭新羅任那加羅秦韓六国諸軍事安東大将軍倭王武号為鎮東大将軍。

倭国、帯方の東南の大海島中に在り。漢末以来、女王を立つる。土俗已に前史に見ゆ。建元元年、進みて新たに使持節・都督倭新羅任那加羅秦韓〔慕韓脱〕六国諸軍事・安東大将軍・倭王武に除して号して鎮東大将軍と為す。

『梁書』武帝本紀

・戊辰、車騎将軍高句驪王高雲進号車騎大将軍。鎮東大将軍百済王餘大進号征東大将軍。安西将軍宕昌王梁彌頜進号鎮西将軍。鎮東大将軍倭王武進号征東大将軍。鎮西将軍河南王吐谷渾休留代進号征西将軍。

戊辰、車騎将軍高句驪王高雲、進みて車騎大将軍と号す。鎮東大将軍百済王餘大、進みて征東大将軍と号す。安西将軍宕昌王梁彌頜、進みて鎮西将軍と号す。鎮東大将軍倭王武、進みて征東大将軍と号す。鎮西将軍河南王吐谷渾休留代、進みて征西将軍と号す。

『梁書』東夷伝倭条（抄出）

・晋安帝時、有倭王賛。賛死、立弟彌。彌死、立子済。済死、立子興。興死、立弟武。斉建元中、除武持節・督倭新羅任那伽羅秦韓慕韓六国諸軍事・鎮東大将軍。高祖即位、進武号征東大将軍。

晋安帝の時、倭王賛有り。賛死して、弟彌立つ。彌死し、子済立つ。済死し、子興立つ。興死し、弟武立つ。斉建元中、武を持節・督倭新羅任那伽羅秦韓慕韓六国諸軍事・鎮東大将軍に除す。高祖即位して、武を進めて征東大将軍と号す。

梁職貢図（清張庚諸番職貢図巻）

・倭国在東南大海中、依山島為居地。気温暖、出珍珠青玉、無牛馬虎豹羊鵲。男子皆黥面文身。以木綿帖頭、衣横幅無縫。但結束相連好。沈水捕魚蛤。婦人只被髪衣如単被、穿其中貫頭衣之男女徒跣好。以丹塗身。種稲禾麻苧蚕桑、出紬布縑錦。兵用矛盾、木弓箭用骨為鏃。其食以手、器用籩豆。死有棺無槨。斉建元中、奉表貢献。

倭国は東南大海中に在り、山島に依りて居地と為す。気は温暖、珍珠青玉を出す。牛・馬・虎・豹・羊・鵲無し。男子は皆黥面文身し、木綿を以て頭に帖し、衣は横幅にして縫うこと無し。但結束して相い連好す。水に沈み魚蛤を捕らう。婦人は只被髪して衣は単被の如く、其の中を穿ち頭を貫いて之を衣る。男女徒跣を好む。丹を以て身に塗る。稲禾・麻苧・蚕桑を種え、紬布・縑錦を出す。兵は矛・盾を用い、木弓の箭は骨を用いて鏃と為す。其れ食するに手を以てし、器は籩豆を用いる。死すれば棺有るも槨無し。斉建元中、表を奉じて貢献す。

七支刀

・〔表〕泰□四年□月十六日丙午正陽、造百練鉄七支刀。□辟百兵、宜供供侯王。□□□□作。

・〔裏〕先世以来、未有此刀。百済王世□奇生聖音、故為倭王旨、造伝示後世。

〔表〕泰[始]四年[十一]月十六日丙午正陽、百練の鉄の七支刀を造る。出ては百兵を辟け、供供たる侯王に宜し。□□□□作なり。

〔裏〕先世以来、未だ此の刀有らず。百済王世子奇、聖音に生き、故に倭王旨の為に造し、後世に伝示す。

稲荷山古墳出土鉄剣銘

・辛亥年七月中記。乎獲居臣、上祖名意富比垝、其児多加利足尼、其児名弖已加利獲居、其児名多加披次獲居、其児名多沙鬼獲居、其児名半弖比、其児名加差披余、其児名乎獲居臣。世々為杖刀人首、奉事来至今。獲加多支鹵大王寺、在斯鬼宮時、吾左治天下、令作此百練利刀、記吾奉事根原也。

辛亥年七月中記す。乎獲居臣、上祖の名意富比垝、其の児多加利足尼、其の児の名弖已加利獲居、其の児の名多加披次獲居、其の児の名多沙鬼獲居、其の児の名半弖比、其の児の名加差披余、其の児の名乎獲居臣。世々杖刀人首と為りて、奉事して来り今に至る。獲加多支鹵大王の寺、斯鬼宮に在りし時、吾天下を左治し、此の百練の利刀を作らしめ、吾が奉事の根原を記す也。

江田船山古墳大刀銀象嵌銘

・治天下獲□□□鹵大王世、奉事典曹人、名无□《利カ》弖、八月中、用大鉄釜、并四尺廷刀、八十練□十振。三寸上好刊刀。服此刀者、長寿子孫洋々、得□恩也。不失其所統。作刀者、名伊太□、書者張安也。

治天下獲加多支鹵大王の世、典曹に奉事せし人、名は无利弖、八月中に大鉄釜を用い、四尺の廷刀を并す。八十たび練り、九十たび振つ。三寸上好の刊刀なり。此の刀を服する者は、長寿にして子孫洋々、□恩を得る也。其の統ぶる所を失わず。刀を作る者、名は伊太加、書する者は張安也。

参考文献

倭の五王全体に関わるもの

藤間生大『倭の五王』岩波新書、一九六八年
坂元義種『古代東アジアの日本と朝鮮』吉川弘文館、一九七八年
坂元義種『倭の五王』教育社、一九八一年
山尾幸久『古代の日朝関係』塙書房、一九八九年
森公章『倭の五王』山川出版社、二〇一〇年
田中史生「倭の五王と列島支配」『岩波講座日本歴史 1』岩波書店、二〇一三年

東アジアの動向

坂元義種『百済史の研究』塙書房、一九七八年
西嶋定生『日本歴史の国際環境』東京大学出版会、一九八五年
武田幸男『高句麗史と東アジア』岩波書店、一九八九年
礪波護・武田幸男『世界の歴史6 隋唐帝国と古代朝鮮』中央公論社、一九九七年
三崎良章『五胡十六国』東方書店、二〇〇二年
川本芳昭『中国の歴史05 中華の崩壊と拡大』講談社、二〇〇五年

序　章

村山正雄編著『石上神宮七支刀銘文図録』吉川弘文館、一九九六年
山尾幸久『日本古代王権形成史論』岩波書店、一九八三年
宮崎市定『謎の七支刀』中央公論社、一九八三年
吉田晶『七支刀の謎を解く』新日本出版社、二〇〇一年
川口勝康「四世紀史と王統譜」『人文学報』一五四、一九八二年
鈴木靖民「石上神宮七支刀銘と倭国をめぐる国際関係」『倭国史の展開と東アジア』岩波書店、二〇一二年
栗原朋信「「七支刀」銘文からみた日本と百済・東晋の関係」『上代日本対外関係の研究』吉川弘文館、一九七八年
福山敏男「石上神宮の七支刀」『美術研究』一五八、一九五一年
榧本杜人「石上神宮の七支刀とその銘文」『朝鮮学報』三、一九五二年
金錫亨『古代朝日関係史』勁草書房、一九六九年
岡崎敬「安岳三号墳（冬寿墓）の研究」『史淵』九三、一九六四年
鈴木靖民「加耶の鉄と倭王権についての歴史的パースペクティヴ」『日本古代国家の展開』上、思文閣出版、一九九五年
都出比呂志『古代国家はいつ成立したか』岩波新書、二〇一一年
広瀬和雄『前方後円墳国家』角川書店、二〇〇三年

森公章「東アジア史の中の古墳時代」『古墳時代の考古学1』同成社、二〇一一年
新修大阪市史編纂委員会『新修 大阪市史』一、大阪市、一九八八年
河内春人「東アジアにおける文書外交の成立」『歴史評論』六八〇、二〇〇六年
武田幸男『高句麗と東アジア』岩波書店、一九八九年
李進熙『広開土王陵碑の研究増訂版』吉川弘文館、一九七二年
武田幸男『広開土王碑との対話』白帝社、二〇〇七年
李成市「表象としての広開土王碑文」『思想』八四二、一九九四年
林俊雄『興亡の世界史02 スキタイと匈奴 遊牧の文明』講談社、二〇〇七年
川本芳昭『魏晋南北朝時代の民族問題』汲古書院、一九九八年

第1章

池田温「義熙九年倭国献方物をめぐって」『東アジアの文化交流史』吉川弘文館、二〇〇二年
石井正敏「五世紀の日韓関係」『日韓歴史共同研究報告書 第一分科篇』日韓歴史共同研究委員会、二〇〇五年
川本芳昭「倭国の四一三年東晋遣使」『新版古代の日本2』角川書店、一九九二年
川勝義雄『六朝貴族制社会の研究』岩波書店、一九八二年
山口正晃「将軍から都督へ」『東洋史研究』七六―一、二〇一七年
小尾孟夫『六朝都督制研究』溪水社、二〇〇一年
荊木美行『記紀と古代史料の研究』国書刊行会、二〇〇八年
金子修一『隋唐の国際秩序と東アジア』名著刊行会、二〇〇一年
宮崎市定『九品官人法の研究』中公文庫、一九九七年
河内春人「倭国における南朝官爵の史的意義」『日本古代君主号の研究』八木書店、二〇一五年
前之園亮一「倭の五王・司馬曹達・百済府官の単名について」『共立女子短期大学文科紀要』四五、二〇〇二年
田中史生「倭の五王の対外関係と支配体制」『島根県古代文化センター研究論集』一四、二〇一五年
西本昌弘「楽浪・帯方二郡の興亡と漢人遺民の行方」『古代文化』四一―一〇、一九八九年
鈴木靖民『倭国史の展開と東アジア』岩波書店、二〇一二年

第2章

村山正雄「百済の大姓八族について」『東洋史論叢』山川出版社、一九七二年
武田幸男「平西将軍・倭隋の解釈」『朝鮮学報』七七、一九七五年
塩沢裕仁「宋書にみる倭隋の将軍号」『法政大学大学院紀要』三一、一九九三年
市原市教育委員会・財団法人市原市文化財センター編『「王賜」銘鉄剣概報 千葉県市原市稲荷台一号墳出土』吉川弘文館、一九八八年
熊谷公男「五世紀の倭・百済関係と羅済同盟」『アジア文化史研究』七、二〇〇七年
木村誠『古代朝鮮の国家と社会』吉川弘文館、二〇〇四年
李成市『古代東アジアの民族と国家』岩波書店、一九九八年

糸永佳正「新羅の高句麗からの自立時期について」『大阪教育大学　歴史研究』三六、一九九九年
井上直樹「高句麗の対北魏外交と朝鮮半島情勢」『朝鮮史研究会論文集』三八、二〇〇〇年
高寛敏「倭の五王と朝鮮」『東アジア研究』八、一九九五年
荊木美行「元嘉七年遣使の「倭国王」をめぐって」『史料』一四四、一九九六年
石井正敏「五世紀の日韓関係」『日韓歴史共同研究報告書　第一分科篇』日韓歴史共同研究委員会、二〇〇五年
田中俊明『大加耶連盟の興亡と「任那」』吉川弘文館、一九九二年
田中俊明『古代の日本と加耶』山川出版社、二〇〇九年
湊哲夫「倭王世子興没年代考」『日本史論叢』二、一九七三年

第3章

鈴木靖民「武（雄略）の王権と東アジア」佐伯有清編『古代を考える　雄略天皇とその時代』吉川弘文館、一九八八年
川本芳昭「倭の五王による劉宋遣使の開始とその終焉」『魏晋南北朝時代の民族問題』汲古書院、一九九八年
井上直樹「高句麗の対北魏外交と朝鮮半島情勢」『朝鮮史研究会論文集』三八、二〇〇〇年
田中俊明「百済文周王系の登場と武寧王」『高麗美術館研究紀要』五、二〇〇六年
鈴木英夫『古代の倭国と朝鮮諸国』青木書店、一九九六年
廣瀬憲雄「倭の五王の冊封と劉宋遣使」『梁職貢図と東部ユーラシア世界』勉誠出版、二〇一四年
荊木美行『風土記と古代史料の研究』国書刊行会、二〇一二年
横山貞裕「倭王武の上表文について」『日本歴史』三八九、一九八〇年
前之園亮一「倭の五王の通宋の開始と終焉について」『古代国家の政治と外交』吉川弘文館、二〇〇一年
笠井倭人「倭王武の上表文」『古代の日朝関係と日本書紀』吉川弘文館、二〇〇〇年
川崎晃「倭王武・百済王余慶の上表文と金石文」『古代学論究』慶應義塾大学出版会、二〇一二年
湯浅幸孫「倭国王武の上表文について」『史林』六四―一、一九八一年
福井佳夫「倭国王武「遣使上表」について」上下『中京国文学』一四・一五、一九九五、九六年
河内春人「倭王武の上表文と文字表記」『日本古代君主号の研究』八木書店、二〇一五年
鈴木英夫「倭の五王と高句麗」『高句麗研究』一四、二〇〇二年
熊谷公男「倭王武の上表文と五世紀の東アジア情勢」『東北学院大学論集　歴史と文化』五三、二〇一五年
福井佳夫『六朝美文学研究』汲古書院、一九九八年
内田清「百済・倭の上表文の原典について」『東アジアの古代文化』八六・八八、一九九六年
志水正司「倭の五王に関する基礎的考察」『日本古代史の検証』東京堂出版、一九九四年
田中史生「武の上表文」『文字と古代日本2』吉川弘文館、二〇〇五年
久米邦武「聖徳太子実録」『久米邦武歴史著作集』一、吉川弘文館、一九八八年

田中史生「倭の五王の対外関係と支配体制」『島根県古代文化センター研究論集』一四、二〇一五年
下垣仁志「古代国家論と戦争論」『日本史研究』六五四、二〇一七年

第4章

笠井倭人『研究史　倭の五王』吉川弘文館、一九七三年
河内春人「「読まれる」史料と「読まれない」史料」『中央史学』三九、二〇一六年
ウィリアム・ジョージ・アストン「日本上古史の大意」『文』一―一四・一五、一八八八年
吉村武彦「倭の五王とは誰か」白石太一郎・吉村武彦編『争点日本の歴史　2』新人物往来社、一九九〇年
前田直典「応神天皇朝といふ時代」『元朝史の研究』東京大学出版会、一九七三年
原島礼二「倭の五王の在位年代と名」『古文化論叢　藤沢一夫先生古稀記念』記念論集刊行会、一九八三年
原島礼二・石部正志・今井堯・川口勝康『巨大古墳と倭の五王』青木書店、一九八一年
沖森卓也『日本古代の表記と文体』吉川弘文館、二〇〇〇年
西條勉「倭の五王と古代王権の系譜学」『国士館大学文学部人文学会紀要』二八、一九九五年
川田順造『無文字社会の歴史』岩波書店、一九七六年
武田祐吉『古事記研究1　帝紀攷』青磁社、一九四四年
土生田純之『古墳』吉川弘文館、二〇一一年
神野志隆光『古事記の世界観』吉川弘文館、一九八六年
義江明子『日本古代系譜様式論』吉川弘文館、二〇〇〇年
義江明子『古代王権論　神話・歴史感覚・ジェンダー』岩波書店、二〇一一年
河内春人「倭王武の上表文と文字表記」『日本古代君主号の研究』八木書店、二〇一五年
高橋一夫『鉄剣銘一一五文字の謎に迫る　埼玉古墳群』新泉社、二〇〇五年
大平聡「ワカタケル」鎌田元一編『古代の人物1　日出づる国の誕生』清文堂出版、二〇〇九年

終　章

田中俊明『大加耶連盟の興亡と「任那」』吉川弘文館、一九九二年
田中俊明「百済文周王系の登場と武寧王」『高麗美術館研究紀要』五、二〇〇六年
榎一雄「梁職貢図について」『榎一雄著作集』七、汲古書院、一九九四年
深津行徳「台湾故宮博物院蔵『梁職貢図』模本について」『学習院大学東洋文化研究所調査研究報告』四四、一九九九年
尹九龍「清張庚諸番職貢図巻　解題・翻刻」鈴木靖民・金子修一他編『梁職貢図と東部ユーラシア世界』勉誠出版、二〇一四年
川本芳昭「倭の五王による劉宋遣使の開始とその終焉」『魏晋南北朝時代の民族問題』汲古書院、一九九八年
前之園亮一「倭の五王の通宋の開始と終焉について」『古代国家の政治と外交』吉川弘文館、二〇〇一年
吉村武彦編『古代を考える　継体・欽明朝と仏教伝来』吉川弘文館、一九九九年

主要図版出典一覧

0-1 『大古事記展』（奈良県，2014年）
0-3 若狭徹『古墳時代ガイドブック』（新泉社，2013年）
0-5 国立歴史民俗博物館編『古代日本 文字のある風景』（朝日新聞社，2002年）
0-6 朝鮮民主主義人民共和国文化保存指導局写真帳編集室編『高句麗壁画』（朝鮮中央歴史博物館，1979年）
1-1 鈴木靖民・金子修一他編『梁職貢図と東部ユーラシア世界』（勉誠出版，2014年）
2-4 国立歴史民俗博物館編『古代日本 文字のある風景』（朝日新聞社，2002年）
2-5 市原市教育委員会・財団法人市原市文化財センター編『「王賜」銘鉄剣概報』（吉川弘文館，1988年）
2-6 『文字、それ以後――韓国古代文字展』（国立中央博物館，2011年）
4-2 『出雲岡田山古墳』（島根県教育委員会，1987年）
4-3 高橋一夫『鉄剣銘一一五文字の謎に迫る 埼玉古墳群』（新泉社，2005年）
5-1 鈴木靖民・金子修一他編『梁職貢図と東部ユーラシア世界』（勉誠出版，2014年）
5-2 鈴木靖民・金子修一他編『梁職貢図と東部ユーラシア世界』（勉誠出版，2014年）

倭の五王 関連年表

西暦	事項
三六九	高句麗南下、百済撃退
三七一	高句麗南下、百済撃退し反撃、故国原王戦死
三七二	百済が東晋に初めて入朝、倭国と百済の同盟成立（七支刀）
三七七	新羅、前秦に遣使（初の中国遣使）
三八三	淝水の戦、前秦大敗
三八五	百済政変か
三九一	倭国が朝鮮半島南部に介入。広開土王即位
三九六	広開土王の百済親征
三九六～三九八	高句麗で府官の設置（東アジアの府官制の始まり）
四〇〇	高句麗、倭国・安羅と交戦
四〇四	帯方郡沖で高句麗と倭国が会戦
四〇五	百済阿莘王死去、腆支王即位
四一二	広開土王死去

倭の五王	百済王	高句麗王	中国（南朝）
ホムタワケ	近肖古王、近仇首王、枕流王、辰斯王、阿莘王	故国原王、小獣林王、故国壌王、広開土王	東晋

倭の五王 関連年表

四一三	長寿王即位。倭国・高句麗が東晋に入朝
四二〇	宋建国、高句麗・百済に進号
四二一	讃が宋に初の遣使
四二五	讃、司馬曹達を宋に派遣
四三〇	倭国、宋に遣使
四三五	高句麗、北魏に初遣使
四三八	珍、宋に遣使、六国諸軍事要求
四三九	北魏、華北統一。高句麗、宋に馬八〇〇頭を献上
四四〇	倭国、新羅に軍事介入
四四三	済、宋に遣使
四四四	倭国、新羅に軍事介入
四五〇	新羅、高句麗部将を殺害、離反
四五一	済、宋に遣使
四五二	北魏、太武帝殺される
四五三	宋、文帝殺される
四五四	高句麗、新羅を攻撃
四六〇	倭国、宋に遣使

四六一	百済蓋鹵王、倭国に昆支派遣
四六二	興、世子として宋に遣使（倭国政変か）
四六八	高句麗、新羅を攻撃
四六九	北魏、宋より山東半島を奪取
四七一	北魏、献文帝譲位（四七六年毒殺）
四七二	百済、北魏へ朝貢、高句麗攻撃を要請
四七五	高句麗が百済漢城を陥す。蓋鹵王処刑
四七七	倭国遣使（倭国王不明）。昆支帰国
四七八	倭国遣使（武）。上表文奉呈
四七九	宋滅亡、南斉建国。加羅国、南斉に遣使（嘉悉王）
四七九～四八二	この頃、倭国入朝か（国王不明）
四九〇	北魏が百済を襲撃、百済は撃退
四九一	長寿王死去
四九五	百済が南斉に遣使して上表
五〇二	梁建国

興	武			
蓋鹵王	文周王	三斤王	東城王	武寧王
長寿王	文咨明王			
宋	南斉	梁		

河内春人（こうち・はるひと）

1970（昭和45）年東京都生まれ．93年明治大学文学部卒業．2000年明治大学大学院博士後期課程中退．02年日本学術振興会特別研究員（PD），博士（史学）．現在，関東学院大学教授．本書で第6回古代歴史文化賞優秀作品賞受賞．

著書『東アジア交流史のなかの遣唐使』（汲古書院，2013年）
『日本古代君主号の研究――倭国王・天子・天皇』（八木書店，2015年）
『ユーラシアのなかの「天平」――交易と戦争危機の時代』（角川選書，2024年）

共著『日朝関係史』（吉川弘文館，2017年）
『日本書紀の誕生――編纂と受容の歴史』（八木書店，2018年）
『中国学術の東アジア伝播と古代日本　アジア遊学242』（勉誠出版，2020年）
『アジア人物史2　世界宗教圏の誕生と割拠する東アジア』（集英社，2023年）
他多数

訳書　シャルロッテ・フォン・ヴェアシュア著『モノが語る日本対外交易史――七～一六世紀』（藤原書店，2011年）

倭《わ》の五王《ごおう》
中公新書 *2470*

2018年1月25日初版
2025年4月30日8版

著　者　河内春人
発行者　安部順一

本文印刷　三晃印刷
カバー印刷　大熊整美堂
製　　本　フォーネット社

発行所　中央公論新社
〒100-8152
東京都千代田区大手町1-7-1
電話　販売　03-5299-1730
　　　編集　03-5299-1830
URL https://www.chuko.co.jp/

Published by CHUOKORON-SHINSHA, INC.
Printed in Japan　ISBN978-4-12-102470-1 C1221